La Breve Storia della Seconda Guerra Mondiale in Asia

La guerra dell'Asia-Pacifico, la flotta orientale, Pearl Harbor e la bomba atomica che sconvolse il Giappone

(1941-1945)

Esclusione di responsabilità

Copyright 2022 di Academy Archives - *Tutti i diritti riservati*

Questo documento si propone di fornire informazioni precise e affidabili in merito all'argomento e alla questione trattata. La pubblicazione viene venduta con l'idea che l'editore non sia tenuto a fornire servizi contabili, ufficialmente autorizzati o comunque qualificati. Se è necessaria una consulenza, legale o professionale, è necessario rivolgersi a una persona esperta nella professione - da una Dichiarazione di Principi che è stata accettata e approvata in egual misura da un Comitato dell'American Bar Association e da un Comitato degli Editori e delle Associazioni.

In nessun modo è lecito riprodurre, duplicare o trasmettere qualsiasi parte di questo documento, né in formato elettronico né in formato cartaceo. La registrazione di questa pubblicazione è severamente vietata e la memorizzazione di questo documento non è consentita se non dietro autorizzazione scritta dell'editore. Tutti i diritti riservati.

La presentazione delle informazioni avviene senza alcun contratto o garanzia di alcun tipo. I marchi utilizzati sono privi di qualsiasi consenso e la loro pubblicazione non è autorizzata o supportata dal proprietario del marchio. Tutti i marchi e le marche presenti in questo libro sono solo a scopo chiarificatore e appartengono ai proprietari stessi, non affiliati a questo documento. Non incoraggiamo l'abuso di sostanze e non possiamo essere ritenuti responsabili per la partecipazione ad attività illegali.

1

Introduzione

La Seconda guerra mondiale in **Asia** (chiamata anche **Guerra del Pacifico**) fu combattuta in Asia orientale e nell'Oceano Pacifico tra l'Impero giapponese e una coalizione di alleati, tra cui i principali erano gli Stati Uniti, la Cina e (dall'agosto 1945) l'Unione Sovietica.

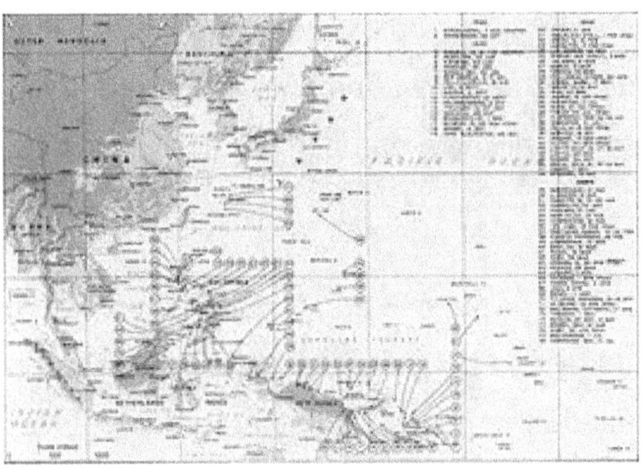

Già anni prima dell'inizio della Seconda Guerra Mondiale, in Asia c'erano segni di crescente agitazione:

- Gli Stati Uniti e le potenze europee (Gran Bretagna, Francia e Paesi Bassi) colonizzarono molte isole e Paesi dell'Asia, ottenendo il dominio su gran parte della popolazione asiatica.

2

- Il Giappone iniziò a diventare sempre più forte: grazie ai suoi piani economici di stampo più occidentale, l'industria giapponese, così come l'esercito, si svilupparono alla velocità della luce.
- In Cina si verificarono crescenti disordini, che permisero al Giappone di acquisire facilmente una grande influenza.

Dalla sua apertura al mondo nel XIX secolo, il Giappone era diventato un Paese altamente industrializzato, governato dai militari e da un imperatore considerato una divinità.

Tuttavia, il Paese si trovò ad affrontare un problema importante: aveva un grande surplus di popolazione e poche materie prime per l'industria. Pertanto, i giapponesi si erano sempre più rivolti all'imperialismo, alla conquista di nuovi territori per il Giappone in Asia.

Tuttavia, nel corso degli anni, l'atteggiamento dei giapponesi cambiò: all'inizio volevano solo piccole espansioni per salvare il loro territorio dalla sovrappopolazione, ma poi volevano molto di più: un impero tutto loro in Asia. Volevano rimuovere gli oppressori (le potenze coloniali) dall'Asia e stabilire la propria autorità al loro posto, oltre a voler controllare la Cina.

I primi passi furono compiuti già nel XIX secolo, quando l'esercito giapponese occupò le isole a sud della terraferma, tra cui Okinawa. Nella Prima guerra sino-giapponese (1894-1895), Formosa (Taiwan) e la Corea furono sottratte alla Cina e annesse al Giappone, mentre nella Guerra russo-giapponese (1904-1905) i russi persero la loro base navale di Port Arthur a favore dei giapponesi, che ottennero così il controllo del Mar Giallo. Durante la Prima Guerra Mondiale, i giapponesi catturarono gran parte dell'impero coloniale tedesco in Asia, comprese le Isole Marianne, le Isole Marshall e le Isole Gilbert. Con il Trattato di Versailles, il Giappone ottenne tutte le isole conquistate a nord dell'equatore.

Nel periodo successivo alla Prima Guerra Mondiale, Stati Uniti, Paesi Bassi, Francia, Gran Bretagna, Australia e Nuova Zelanda cercarono di contrastare insieme la crescente influenza ed espansione del Giappone. Il Giappone, che negli anni Trenta subì una crescente influenza da parte di militari ultranazionalisti ed espansionisti, si orientò di conseguenza sempre più verso le potenze dell'Asse.

Indice dei contenuti

Guerra sino-giapponese

La Manciuria era uno Stato indipendente e separato dalla Cina fin dalla Prima guerra sino-giapponese e fungeva da Stato cuscinetto tra il Giappone e la Cina. Il 18 settembre 1931, una linea ferroviaria di proprietà del governo giapponese fu fatta saltare in aria a nord della città di Shenyang. Il Giappone incolpò i nazionalisti cinesi, invase la Manciuria e vi stabilì uno Stato vassallo giapponese, il Manchukwo, nel 1932. L'ex imperatore cinese Xuantong (Pu Yi) fu nominato capo di Stato, anche se non aveva molto potere; i giapponesi sostanzialmente comandavano.

Il Giappone invase poi la Cina stessa nel 1937. Le truppe giapponesi occupano la provincia di Jehol, a sud della Manciuria. La Cina non voleva cedere altri territori al Giappone e il Giappone voleva solo conquistare altri territori cinesi. Jehol fu annessa al Manciukwo come unità amministrativa e presto anche Shanghai e Pechino caddero in mano giapponese. I giapponesi conquistano gran parte della Cina orientale. La cattura della capitale cinese Nanchino fu seguita dal Massacro di Nanchino, in cui furono uccisi centinaia di migliaia di residenti.

Questa invasione indusse gli Stati Uniti, insieme alle Indie Orientali Olandesi, a istituire un boicottaggio petrolifero contro il Giappone, che consideravano un aggressore. Ciò mise il Giappone in una situazione economicamente difficile: senza le forniture di petrolio che arrivavano annualmente dagli Stati Uniti e dalle Indie Orientali Olandesi, il Giappone avrebbe avuto petrolio solo per 18 mesi e, una volta terminato, sarebbe stato completamente paralizzato. Gli americani hanno anche imposto boicottaggi commerciali su rottami di ferro, acciaio e carburante per aerei. Queste restrizioni tagliarono fuori il Giappone dalle materie prime di cui aveva bisogno. L'imperatore giapponese Hirohito voleva quindi cacciare gli Alleati dal Pacifico con una potente offensiva e creare un grande impero nippo-asiatico.

Nel 1938 scoppiò un conflitto di confine sul Manciukwo tra il Giappone e l'Unione Sovietica; le battaglie principali furono la Battaglia del Lago Chasan (1938) e la Battaglia di Halhin Gol, entrambe vinte dall'Unione Sovietica. Questo conflitto si concluse con un trattato di non aggressione nel 1941 e con la riluttanza del Giappone a tenere ulteriormente d'occhio la Siberia e gli Urali, permettendo a Joseph Stalin di mobilitare tutte le sue armate siberiane contro la successiva invasione tedesca.

La sfera d'influenza giapponese prima della guerra

Allo scoppio della Seconda Guerra Mondiale, nel 1939, il Giappone controllava già una vasta area, molto più grande dell'attuale Giappone. Il Giappone vero e proprio è poi incluso:

- Il Giappone stesso
- le Curili
- la metà meridionale dell'isola di Sakhalin
- Okinawa
- Iwo Jima
- Taiwan (Formosa)
- Corea.

C'erano anche le aree di mandato acquisite dopo la prima guerra mondiale (l'area di mandato del Pacifico meridionale):

- le Isole Marshall.
- Le Isole Marianne (meno Guam, che era americana)
- le isole Gilbert

- Micronesia
- le isole Palau

C'erano anche i territori occupati in Cina, come Manchuwko e Nanchino, dove fu fondato uno Stato vassallo cinese chiamato Giappone-Cina.

Nel Sud-Est asiatico, dopo la caduta della Francia in Europa, l'Indocina francese (gli attuali Stati del Vietnam, del Laos e della Cambogia) era stata ceduta al Giappone, che allo stesso tempo aveva ottenuto l'occupazione della Thailandia. I giapponesi volevano creare un grande impero asiatico. Questo includerebbe le seguenti aree che non erano ancora in mano ai giapponesi:

- Indie Orientali Olandesi
- Le colonie britanniche nel Borneo
- Malacca
- Birmania
- India britannica (attuali India, Bangladesh e Pakistan)
- Cina
- Mongolia

- Tutto il territorio dell'Unione Sovietica a est del lago Baku.

- Possedimenti statunitensi nel Pacifico: Filippine, Wake, Guam, Midway e Hawaii.

- Australia

- Nuova Zelanda

- I possedimenti della Francia libera

Attacco a Pearl Harbor

Il 27 settembre 1940, il Giappone firmò il Patto delle Tre Potenze con le potenze dell'Asse, Germania e Italia. In esso i Paesi si promettevano reciproco sostegno militare nel caso in cui uno di essi fosse stato attaccato.

Per eliminare la potente marina del loro principale avversario, gli americani, l'obiettivo principale dei giapponesi era quello di attaccare la base navale statunitense di Pearl Harbor, nelle Hawaii. In questo caso, l'intera flotta statunitense era ancorata nell'Oceano Pacifico, vicina e quindi un bersaglio ideale.

Il Giappone inviò le sue sette portaerei e due squadriglie della flotta a Pearl Harbor, passando per il nord-ovest.

Senza alcuna dichiarazione ufficiale di guerra, l'attacco a sorpresa seguì il 7 dicembre 1941. In tutto ciò, più di 200 aerei statunitensi furono distrutti, molti incrociatori affondati o gravemente danneggiati e oltre 2.400 americani uccisi, a fronte di una perdita di 29 aerei e cinque sottomarini da parte giapponese. Tuttavia, la maggior parte delle navi statunitensi non fu affondata, ma subì solo gravi danni, e molte di esse tornarono a navigare normalmente alcuni mesi dopo e parteciparono persino alla battaglia di Midway.

15

In risposta all'attacco, gli americani effettuarono un bombardamento diretto su Tokyo, il *raid Doolittle*. Questo attacco non causò molti danni importanti, ma fu un punto luminoso che poté risollevare un po' il morale degli Alleati dopo le numerose perdite.

Il porto

Situata a più di 3.600 km da San Francisco, Pearl Harbor era molto amata dai marinai americani. Se il nemico affondava una nave all'ingresso del porto, la base era inutilizzabile. Per raggiungere il mare aperto, la flotta aveva bisogno di tre ore. Una volta che la flotta era entrata, insieme a tutti i rifornimenti e le scorte, costituiva un obiettivo attraente. Tuttavia, mobilitare completamente la flotta e farla salpare sarebbe costato milioni di dollari e nessun comandante voleva rischiare di dare un tale ordine per nulla .

L'ammiraglio James Richardson, comandante della base nel maggio 1940, riteneva che le navi dovessero trovarsi in porti sicuri sulla costa occidentale. Quando si rivolse al presidente Franklin D. Roosevelt con le sue obiezioni, fu sollevato dal suo incarico e sostituito dall'ammiraglio Husband Kimmel.

Cronologia al 7 dicembre 1941

17

Già il 16 ottobre 1941 i media statunitensi erano a conoscenza dell'imminente situazione. Hanno quindi prestato attenzione a questa minaccia nei loro articoli. Tuttavia, il popolo americano si sentiva pienamente protetto dalle proprie forze armate e prestava poca attenzione agli articoli. Henry Stimson, che all'epoca era segretario alla Difesa americana, era ben consapevole della minaccia e, in risposta agli articoli di cronaca, disse: *"Ora è il momento di aspettare che il Giappone faccia la prima mossa, dopodiché potremo attaccarlo direttamente"*.

Il Giappone e l'America erano ancora in trattative tra loro, ma non volevano andare avanti senza intoppi. Il 5 novembre furono intercettati sei messaggi in cui si diceva che i negoziati con l'America dovevano concludersi entro il 25 novembre.

Il leader dell'operazione bellica giapponese, Yamamoto, voleva assumere il controllo dell'intera regione del Pacifico meridionale, quindi sviluppò una strategia per attaccare contemporaneamente Pearl Harbor, le Filippine e tutte le altre località non giapponesi di quest'area. Il 7 novembre ha presentato il suo piano, chiamato "Piano Z".

Piano "Z"

Nessuno nella marina giapponese conosceva Pearl Harbor meglio di Yamamoto. Nella cabina della sua nave ammiraglia Nagato aveva appeso una mappa della base su cui aveva preso ogni sorta di appunti.

Poiché alla base tutto si svolgeva con una regolarità prestabilita, poteva sapere quando vi si trovava la maggiore concentrazione di navi. Le difese aeree erano inadeguate e riteneva che un attacco aereo avesse un'alta probabilità di successo. Si ispirò all'ammiraglio Heihachiro Togo e chiamò il suo piano con il nome del suo segnale Z durante la battaglia di Tsushima (1905).

Nel farlo, sapeva che ventiquattro aerei britannici avevano affondato tre corazzate in un attacco alla flotta italiana a Taranto l'11 novembre 1940, con una perdita di soli tre aerei.

Anche gli americani riconobbero l'importanza di questo attacco, ma l'ammiraglio Kimmel si rifiutò di installare reti anti-torpedo perché avrebbero ostacolato la libertà di movimento delle sue navi.

19

Tattica giapponese

Yamamoto preferì innanzitutto mettere fuori combattimento le corazzate, perché pensava che questo avrebbe inferto un duro colpo agli americani. Quando presentò al capitano Minoru Genda, specialista in attacchi aerei, il suo piano per attaccare Pearl Harbor utilizzando aerei che sarebbero decollati da portaerei, gli fu consigliato di colpire le portaerei americane perché rappresentavano la più grande minaccia per la Marina imperiale giapponese.

Il Giappone disponeva di due delle portaerei più grandi del mondo: la *Akagi* (36.500 tonnellate) che poteva trasportare 91 aerei (più grande della *Lexington* e della *Saratoga* statunitensi) e la *Kaga* da 38.200 tonnellate. Con le *Hiryu*, *Soryu*, *Zuikaku* e *Shokaku*, la Marina imperiale giapponese disponeva di sei portaerei. Genda voleva utilizzare tutti e sei i velivoli nell'attacco (441 in totale) insieme a una forza avanzata di sottomarini. I siluri erano preferiti perché più potenti e precisi delle bombe.

Sebbene Yamamoto volesse comandare lui stesso l'attacco, non poté farlo perché aveva troppe altre responsabilità. La scelta cadde sul contrammiraglio

Chuichi Nagumo. Non era un esperto di aerei, ma fu nominato per la sua anzianità. Era costernato quando ha sentito la responsabilità del suo compito, ma si è consolato con il pensiero che l'attacco avrebbe potuto non essere portato a termine. Dopo tutto, il Giappone non era ancora in guerra con gli Stati Uniti. Inoltre, il piano non era ancora stato approvato dal comando supremo giapponese.

Dubbi sul Piano Z

L'imperatore Hirohito fu tenuto all'oscuro dai suoi ministri e generali sui piani concreti per eliminare la base statunitense di Pearl Harbor. Il 5 settembre 1941, l'imperatore concesse al principe Konoe un'udienza, durante la quale apprese con orrore che i preparativi per la guerra avevano la precedenza sulla diplomazia. A questo punto ha convocato immediatamente alcuni alti ufficiali, il generale Sugiyama e l'ammiraglio Nagano, per chiarire la situazione. Gli hanno assicurato che una soluzione diplomatica era ancora la loro opzione preferita. Il giorno dopo, alla Conferenza imperiale, la questione si ripresentò. Alla domanda se i preparativi per la guerra fossero preferibili alla diplomazia, Sugiyama e Nagano hanno taciuto lasciando che fossero gli altri a parlare.

Poi è successo qualcosa di quasi inaudito. L'imperatore, che avrebbe dovuto presiedere la conferenza e non partecipare attivamente alle deliberazioni, si alzò dalla sedia e prese la parola:

Ci rammarichiamo profondamente che il Comando supremo non abbia ritenuto opportuno chiarirci la questione.

Nel farlo, ha citato parte di una poesia:

*Poiché siamo tutti fratelli in questo mondo, perché le onde
e i venti sono così irrequieti?*

Dopo questa grossolana violazione del protocollo, c'è stato
un minuto di silenzio, durante il quale la compagnia ha
cercato di accettare l'inatteso sfogo dell'imperatore. Infine,
l'ammiraglio Nagano prese la parola e assicurò a Hirohito
la loro lealtà nei confronti dell'imperatore, che
comprendevano l'importanza della diplomazia e che erano
profondamente dispiaciuti di aver scontentato l'imperatore
con il loro comportamento. A questo punto, hanno chiuso
l'incontro in quella che, secondo Konoe, era un'atmosfera
molto tesa.

Yamamoto aveva presentato il suo piano a Genda e
successivamente alla Marina, ma aveva incontrato molte
resistenze da parte di quest'ultima. Molti pensavano che il
piano fosse troppo audace. Yamamoto era convinto che, in
caso di guerra, si sarebbe dovuto infliggere all'America un
colpo devastante, consentendo al Giappone di occupare le
Filippine, Malacca e le Indie Orientali Olandesi senza
opporsi prima che la Marina statunitense potesse

23

riprendersi. I suoi colleghi davano ancora per scontato il potere decisivo delle corazzate, di cui il Giappone ne aveva in cantiere due: la Yamato e la Musashi.

Cronologia al 7 dicembre 1941 (continua)

Nonostante la decisione di attuare comunque il Piano Z, il Giappone continuò a negoziare con l'America per cercare di non destare sospetti. Di conseguenza, il 10 novembre fu inviata una proposta di negoziato a Cordell Hull, all'epoca Segretario di Stato americano. Tuttavia, gli americani ignorarono la proposta e 10 giorni dopo Saber Kurusu, il negoziatore giapponese, ne fece una nuova. Inoltre, la scadenza prevista per il 25 novembre è stata spostata al 29 novembre.

A causa della situazione incombente, il Segretario alla Difesa degli Stati Uniti ha di nuovo fatto una dichiarazione sorprendente: *la questione è come dovremmo manovrarli per farli arrivare a sparare il primo colpo, senza troppi pericoli e danni per noi stessi.* (La domanda è: come possiamo manovrarli in modo che possano sparare il primo colpo, senza troppi pericoli e danni per noi). Questo dimostra ancora una volta che l'America era ben

24

consapevole della minaccia e voleva anche la guerra, senza essere "colpevole".

I media giapponesi hanno scritto che il 25 novembre, la vecchia data di scadenza, una grande flotta aveva lasciato il porto giapponese. Secondo loro, ha navigato in parte verso le Filippine e in parte verso lo Stretto di Formosa, nel sud-est della Cina. In realtà, la flotta partì solo un giorno dopo. Quel giorno Nagumo, il viceammiraglio della flotta giapponese, lasciò la baia di Hitokappu (単冠湾, *Hitokappuwan*), sul lato orientale di Etorofu, con 6 portaerei, 423 aerei, 2 corazzate, 28 sottomarini, 2 incrociatori e 11 cacciatorpediniere. Chiaramente, le portaerei erano relativamente molto sovrarappresentate in questa flotta, ma questo aveva senso, dato che l'intenzione era quella di attaccare con le portaerei. Le altre navi avevano il compito esclusivo di proteggere queste preziose navi da guerra. Fin dalla partenza, tra le navi c'è stato un rigoroso silenzio radio, in modo che gli americani non si accorgessero di loro e li seguissero.

In risposta alla proposta di Kurusu, il 20 novembre, Hull presentò una controproposta. In essa, tuttavia, egli avanzò richieste così elevate che era chiaro in anticipo che il

25

Giappone non le avrebbe rispettate. Un'altra indicazione che l'America stava cercando di iniziare una guerra senza fare il primo passo. Un giorno dopo la proposta di Hull, il segretario alla guerra americano Henry Stimson inviò messaggi alla flotta del Pacifico. In esse, metteva in guardia da possibili azioni ostili da parte del Giappone.

Il Giappone ritenne che, dopo il fallimento delle vie diplomatiche, non vi fosse altra alternativa che la guerra. Nonostante ciò, hanno continuato a condurre negoziati con l'America per far credere che ci fosse ancora l'intenzione di perseguire la via diplomatica.

Alcune persone all'interno del governo statunitense desideravano che venissero diffusi nuovi avvisi di minaccia di guerra, ma i vertici dell'esercito si rifiutarono, temendo falsi allarmi. Tuttavia, da quel momento in poi, i segnali silenziosi di un attacco sono stati sempre più frequenti. Ad esempio, l'FBI ha intercettato un messaggio su una guerra imminente, ma lo ha ignorato, non volendo creare panico tra la popolazione.

A causa di minacce di guerra sempre più evidenti, la Marina statunitense decise che non avrebbe permesso di essere attaccata senza essere pronta. Pertanto, inviarono una portaerei verso Midway, a nord-ovest delle Hawaii. Altre due portaerei sono state inviate in un'altra zona. Tutti questi spostamenti di navi dimostrarono ancora una volta che l'America era consapevole della minaccia rappresentata dal Giappone. Nonostante queste misure, non erano ancora abbastanza vigili, come si vedrà in seguito. A quel punto era già il 5 dicembre.

Il 6 dicembre, un operatore telegrafico americano decifrò alcuni messaggi giapponesi intercettati alcuni giorni prima. La decrittazione gli fece capire che c'erano di nuovo indizi di guerra, ma il suo capo non voleva averci niente a che fare. Al contrario, ha preteso che il telegrafista mettesse a tacere questo messaggio. Invece di prepararsi a una guerra imminente, si pensava di sostenere l'Inghilterra se fosse stata attaccata dalla Germania.

Il 6 dicembre, Hirohito, allora imperatore del Giappone, ricevette un messaggio dalla flotta Giappone-Pacifico. Questo messaggio ha ricevuto una rapida risposta. Il 7 dicembre, alle 10.32 e 12 secondi ora locale, Franklin D. Roosevelt lesse che il Giappone **non stava** dichiarando guerra all'America, ma era giunto alla conclusione che ulteriori negoziati con l'America non avevano più senso.

7 dicembre

Un'ora dopo questo messaggio, il presidente lesse un messaggio (intercettato) in cui si affermava che una dichiarazione di guerra ufficiale sarebbe stata consegnata all'America alle ore 13.00. Tuttavia, non forniva dettagli sul luogo e sull'ora di un attacco da parte delle forze giapponesi. In risposta, Marshall ordinò alla flotta del Pacifico di essere in stato di massima allerta.

Nello stesso momento, notarono un misterioso sottomarino giapponese che cercava di entrare a Pearl Harbor.

28

Alcuni ritenevano che questo sottomarino si fosse "perso", ma una spiegazione più logica sembra essere che stesse cercando punti deboli all'interno della flotta statunitense e ancora di più per scoprire se questa fosse preparata alla guerra. Comunque sia, intorno alle 12.00 questo sottomarino fu colpito da un cacciatorpediniere e affondato. Gli ufficiali di Pearl Harbor non avevano molta paura di questo strano sottomarino. Hanno segnalato l'incidente al quartier generale molto tardi.

Alle 12.02, la prima ondata di attacchi da parte degli aerei giapponesi fu individuata da una stazione radar statunitense. Si trattava degli aerei decollati dalle portaerei giapponesi alle 11.00 del mattino. Alle 12.20 un altro radar ha notato nuovamente questa ondata di aerei, questa volta più vicini al porto.

Tuttavia, l'ufficiale di servizio non tenne conto di questa immagine spaventosa e non avvertì nessuno, probabilmente perché quel giorno era previsto l'arrivo di alcuni B-17 dagli Stati Uniti. Solo alle 12.25 Kimmel fu informato dell'incidente precedente con il sottomarino, ma non fu preso alcun provvedimento. Tutte le navi erano ancorate nel porto, il che le rendeva un bersaglio estremamente vulnerabile per gli aerei in avvicinamento.

Alle 12.49, i piloti giapponesi ricevettero ufficialmente il permesso di attaccare; su questa base, la prima ondata d'attacco giapponese attaccò effettivamente Pearl Harbor da nord-ovest alle 12.55. La seconda ondata è stata seguita più di un'ora dopo, alle 14.00. Hanno attaccato il porto da nord-est.

Alle 14.45, delle 96 navi presenti nel porto, 18 erano state affondate o gravemente danneggiate. Inoltre 188 aerei su 394 erano stati distrutti e altri 159 danneggiati. In totale, 2402 soldati sono morti a causa di questo attacco.

I feriti sono stati 1178. L'elevato numero di vittime fu causato principalmente dall'affondamento della corazzata

USS *Arizona*. In effetti, 1177 persone sono morte nell'affondamento di questa nave .

Dichiarazione di guerra della Germania nazista

Il fatto che Giappone e America fossero ormai in guerra spinse Hitler a dichiarare guerra agli americani il quarto giorno dopo l'attacco. Gli Stati Uniti furono così nuovamente coinvolti in una guerra europea (la prima volta fu la Prima Guerra Mondiale), che avrebbero preferito evitare.

Varia

31

La marina giapponese, come l'ammiraglio Harold
Rainsford Stark, l'unico americano ad averne avvertito la
possibilità, sarebbe stata ispirata per l'attacco dall'attacco
a sorpresa britannico di una squadriglia di aerei Fairey
Swordfish della portaerei *HMS Illustrious* contro la flotta
italiana nella battaglia di Tarente dell'11/12 novembre
1940. Stark avvertì della possibilità di un tale attacco in
una nota del 22 novembre 1940, che tuttavia sarebbe stata
ignorata dal resto dell'ammiragliato statunitense.

La conquista di Hong Kong

Già lo stesso giorno dell'attacco a Pearl Harbor, Hong Kong fu attaccata sulla costa cinese. Hong Kong era una colonia della corona britannica e un eccellente porto navale per gli attacchi alle posizioni giapponesi intorno a Formosa e in Cina. L'occupazione giapponese di Canton e Hainan aveva precedentemente circondato Hong Kong. Alla fine del novembre 1941, 3.000 canadesi si unirono alla guarnigione britannica di Hong Kong, che all'epoca contava circa 12.000 uomini.

Nelle stesse ore in cui iniziava l'attacco a Pearl Harbor, i bombardieri in picchiata giapponesi attaccavano anche

Hong Kong con un devastante bombardamento a sorpresa. Dopo di ciò, l'acqua potabile rimase solo per un giorno e Hong Kong divenne una facile preda per l'esercito giapponese. La fanteria giapponese ha conquistato la cittadella di Kowloon, il distretto della terraferma. Il 18 dicembre, gli inglesi dovettero consegnare questo distretto ai giapponesi. Dopo poche ore, i giapponesi avevano attraversato il canale e sbarcato sull'isola di Hong Kong. La testa di ponte fu rapidamente ampliata e allo stesso tempo una quinta colonna si infiltrò nelle linee britanniche. Il giorno di Natale, la guarnigione si arrese ai giapponesi dopo un'ostinata resistenza.

Conquista di Filippine, Malacca, Singapore e Birmania

Le Filippine, territorio statunitense, furono attaccate dai giapponesi nel dicembre 1941. Una serie di attacchi anfibi costrinse l'arcipelago alla resa. Manila fu dichiarata città aperta e le unità dell'esercito giapponese entrarono nella capitale filippina senza essere contrastate. 80.000 truppe statunitensi riuscirono a ritirarsi nella roccaforte di Bataan e resistettero. Il comandante statunitense Douglas MacArthur fu evacuato a Darwin, in Australia, l'11 marzo 1942. Poco dopo, l'8 maggio, il nuovo comandante, il generale Jonathan Wainwright, si arrese ai giapponesi: 130.000 truppe alleate furono fatte prigioniere di guerra e le Filippine divennero parte dell'impero giapponese.

Battaglia delle Filippine

La **Battaglia delle Filippine** ha comportato l'invasione delle Filippine da parte del Giappone nel 1941-1942 e la difesa delle isole da parte delle forze filippine e statunitensi. Anche se si risolse in una vittoria giapponese, i vincitori furono ritardati dall'incisività dei difensori in altre aree, oltre a contribuire ai contrattacchi alleati nel Pacifico sud-occidentale, a partire dalla fine del 1942.

È considerata la più grande sconfitta militare che gli Stati Uniti abbiano mai subito.

La difesa

A partire dalla metà del 1941, dopo le crescenti tensioni tra il Giappone e alcune altre potenze, tra cui Stati Uniti, Gran

Bretagna e Paesi Bassi, molti Paesi del Sud-Est asiatico iniziarono a prepararsi per una possibile guerra.

Nel dicembre 1941, le forze di difesa combinate nelle Filippine appartenevano all'Esercito filippino, comandato dal generale Douglas MacArthur, che si era ritirato come Capo di Stato Maggiore degli Stati Uniti nel 1937 e aveva accettato il comando dell'Esercito filippino. Il compito di MacArthur, affidato dal governo delle Filippine, era principalmente quello di riformare e costituire un esercito composto principalmente da riservisti. L'esercito era gravemente carente, tra l'altro, in termini di equipaggiamento, addestramento e organizzazione.

La guarnigione statunitense, composta da 22.532 uomini, nota anche come Divisione Filippina, era comandata dal maggior generale George Grunert. Si trattava principalmente della Divisione Filippina degli Stati Uniti, composta in parte da un numero abbastanza elevato di filippini, che servivano come esploratori.

La guarnigione fu rinforzata da 8.500 truppe della Riserva Nazionale Continentale degli Stati Uniti, composta in parte dalle uniche unità corazzate, due battaglioni di carri armati.

L'*US Army Air Corps Far East Air Force* (FEAF), comandata dal maggior generale Lewis H. Brereton, era la più grande formazione aerea statunitense al di fuori degli Stati Uniti, composta da 107 caccia P-40 e 35 bombardieri B-17.

MacArthur organizzò i difensori in quattro diverse unità. La *North Luzon Force*, comandata dal maggiore generale Jonathan M. Wainwright, difendeva i luoghi più logici per gli assalti anfibi e le pianure centrali. Quest'area comprendeva anche la penisola di Bataan, il luogo adatto per ripiegare in caso di necessità, che si trovava vicino alla baia di Manila.

Le forze di Waintwright erano composte dall'11ª, 21ª e 31ª divisione di fanteria dell'esercito filippino, dalla 26ª divisione di cavalleria statunitense (un'unità di ricognizione), da un battaglione della 45ª divisione di fanteria (anch'esso un'unità di ricognizione), da due batterie di cannoni da 144 mm e da un cannone da montagna. Anche la 71ª Divisione di fanteria filippina fungeva da riserva e poteva essere impiegata solo su ordine di MacArthur.

La *South Luzon Force*, sotto il comando del generale di brigata George M. Parker Jr. doveva monitorare la zona a est e a sud di Manila. La forza di Parker era composta dalle divisioni di fanteria 41° e 51° dell'esercito filippino e da due batterie dell'86° divisione di artiglieria statunitense (in origine anche un'unità di ricognizione).

L'*unità* Visayan-Mindanao, *comandata dal generale di brigata William F. Sharp, era composta dalle divisioni di fanteria 61° e 81° dell'esercito filippino e dalla 101° divisione di fanteria.*

Un'unità di riserva, sotto il diretto comando di MacArthur, era composta dalla Divisione Filippina, dall'*Aeronautica dell'Estremo Oriente* e da unità dell'Esercito filippino e del quartier generale della Divisione Filippina, di stanza a nord di Manila. Quattro reggimenti di artiglieria statunitensi presidiavano l'ingresso di Manila, compresa l'isola di Corregidor.

Controversia tra le forze *aeree dell'Estremo Oriente*

Dopo lo scoppio della guerra, il 7 dicembre 1941, Brereton incoraggiò i suoi capi ad effettuare raid di bombardamento contro Formosa, allora territorio giapponese e dove
39

sarebbe stato molto probabile un attacco giapponese, ma la sua richiesta fu respinta.

Questo si rivelò un grosso errore, poiché i cannoni antiaerei nelle Filippine erano troppo pochi e la FEAF fu quasi sconfitta a terra, grazie ai bombardamenti aerei dei giorni successivi.

L'invasione

La 14ª Armata giapponese, comandata dal generale Masahary Homma, iniziò l'invasione sbarcando sull'isola di Batan (da non confondere con la penisola di Bataan), a nord di Luzon, l'8 dicembre 1941. Lo stesso giorno, metà della forza aerea statunitense su Luzon fu distrutta da attacchi aerei giapponesi, in parte a causa di errori di comunicazione da parte degli Stati Uniti e in parte perché i giapponesi riuscirono a sorprendere gli americani.

Gli sbarchi sulla terraferma seguirono due giorni dopo, il 10 dicembre. Con la distruzione delle forze aeree statunitensi, i giapponesi ebbero l'egemonia nei cieli fin dall'inizio.

Dall'11 al 23 dicembre, la maggior parte del territorio di Luzon cadde nelle mani dei giapponesi, seguiti da sbarchi sulla punta meridionale di Luzon, a Legazpi, così come nel Golfo di Lingayen e a Mindanao.

La maggior parte delle forze alleate si arrese dopo un po' o fu sopraffatta dalla superiorità giapponese. La Divisione filippina statunitense si posizionò nel paesaggio per coprire il ritiro delle truppe, dirigendosi verso Bataan. Questo anche nell'ottica di contrastare le avanzate giapponesi nella zona di Subic Bay. Il 23 dicembre, MacArthur informò i suoi comandanti sul campo che stava riattivando un piano prebellico. Questo significava che intendeva difendere solo Bataan e Corregidor, mentre sia i comandi militari che il governo filippino si stavano muovendo verso Corregidor. Tuttavia, un gran numero di forze di è rimasto in altre aree per alcuni mesi.

Battaglia di Bataan

Il 30 dicembre, la 31ª Divisione di fanteria filippina avanzò
nelle vicinanze del Passo Zigzag per fornire copertura ai
fianchi delle forze in ritirata da Luzon centrale e
meridionale. La Divisione filippina statunitense organizzò
le sue posizioni vicino a Bataan. Il 5 gennaio 1942 la 31ª
Divisione avanzò verso una posizione difensiva sul lato
occidentale della strada Olongapo-Manilla, vicino al bivio
di Layac, nel nord della penisola di Bataan.

Il 6 gennaio fu costretto a cedere il crocevia, ma la ritirata
verso Bataan ebbe un buon successo. La 31ª Divisione si
posizionò in riserva sulla penisola per recuperare le perdite
subite negli scontri a fuoco sui fianchi.

Dal 7 al 14 gennaio, i giapponesi si concentrarono sulla
ricognizione e sui preparativi per un attacco all'intera linea
difensiva di Abucay. Le forze filippine e statunitensi
riuscirono a resistere agli attacchi notturni nei pressi di
Abucay, dal 10 al 12 gennaio, e il 16 gennaio unità della
Divisione filippina statunitense contrattaccarono. Tuttavia,
l'operazione si rivelò infruttuosa e la divisione fu costretta a

ritirarsi in una posizione di riserva nell'area di Cas Pilar-Bagec il 26 gennaio.

I giapponesi, consapevoli delle pesanti perdite, intrapresero pattugliamenti e attacchi locali limitati nelle settimane successive. Poiché le posizioni alleate continuavano a dover essere ritirate, il Presidente degli Stati Uniti Franklin Delano Roosevelt ordinò a MacArthur di spostarsi da Corregidor all'Australia, in qualità di Comandante supremo del Pacifico sud-occidentale. (Il famoso discorso di MacArthur sulle Filippine, in cui disse "Sono venuto da Bataan e tornerò", fu pronunciato a Terowie, nell'Australia meridionale, il 20 marzo).

A Wainwright fu affidato il comando delle forze alleate nelle Filippine il 12 marzo. Durante questo periodo, le unità della Divisione americana delle Filippine furono spostate avanti e indietro per difendere anche altri settori.

Le forze alleate, ormai indebolite dalla cattiva alimentazione, dalle malattie e dalla troppo lunga esposizione ai combattimenti, dovettero affrontare una nuova ondata di attacchi da parte dei giapponesi a partire dal 28 marzo.

Il 3 aprile, i giapponesi aprirono un varco nelle linee alleate lungo il Monte Samat. La Divisione americana delle Filippine, non operando più come unità coordinata, non fu in grado di organizzare un contrattacco contro i feroci attacchi del nemico. L'8 aprile, la 57ª Divisione di fanteria statunitense e la 31ª Divisione filippina furono travolte presso il fiume Alangan. La 45ª Divisione di fanteria statunitense si arrese infine il 10 aprile 1942.

Corregidor era ora difesa da 11.000 truppe composte dal 4° reggimento dei Marines degli Stati Uniti, da altre unità di fanteria, dall'artiglieria statunitense e dagli uomini della Marina degli Stati Uniti schierati come fanteria.

I giapponesi iniziarono l'attacco a Corregidor con un bombardamento di artiglieria il 1° maggio. Nella notte tra il

5 e il 6 maggio, due battaglioni del 61° reggimento di fanteria giapponese sbarcarono a nord-est dell'isola.

Nonostante la forte difesa, i giapponesi riuscirono a formare una testa di ponte che fu presto rinforzata da carri armati e artiglieria. I difensori furono rapidamente respinti verso la posizione difensiva su Malinta Hill.

Nel tardo pomeriggio del 6 maggio, Wainwright chiese a Homma i termini della resa. Homma insistette che la resa doveva significare la resa di tutte le forze alleate nelle Filippine. Poiché Wainwright riteneva che tutte le vite degli abitanti di Corregidor sarebbero state a rischio, accettò le condizioni. L'8 maggio invia un messaggio a Sharp. Gli ordinò di consegnare l'Unità Visayan Mindanao. Sharp accettò, ma molti individui continuarono la lotta sotto forma di guerriglia.

La resa segnò l'inizio di tre anni e mezzo di oppressione dei sopravvissuti alleati. Questa oppressione comprendeva anche la Marcia della morte di Bataan e le durissime condizioni di vita dei campi di concentramento giapponesi.

Le forze alleate iniziarono la campagna di riconquista delle Filippine nel 1944. Il tutto iniziò con gli sbarchi sull'isola di Leyte.

Importanza

La difesa delle Filippine è stata la più lunga resistenza all'esercito imperiale giapponese nelle prime fasi della Seconda Guerra Mondiale. Dopo l'attacco ad Abucay, i giapponesi si limitarono ad operazioni di assedio in attesa di rinforzi e non ripresero l'attacco fino ad aprile, dando a MacArthur 40 giorni per preparare l'Australia come base operativa. La resistenza iniziale nelle Filippine diede all'Australia un tempo cruciale per organizzare la propria difesa. La resistenza filippino-americana ai giapponesi fino alla caduta di Bataan, il 9 aprile 1942, durò oltre tre mesi.

Nelle colonie britanniche di Malacca e Singapore, le difese britanniche erano in gran parte basate sull'attacco via mare. L'8 dicembre 1941, i giapponesi sbarcarono sulla costa orientale della penisola di Malacca (colonia britannica, oggi parte della Malaysia). Una divisione corazzata giapponese si spostò rapidamente verso ovest, sperando di tagliare la strada all'11ª divisione britannica.

Tuttavia, questi ultimi riuscirono a ritirarsi in tempo, lasciando il porto di Penang senza protezione.

Preparazione

La città portuale di Singapore era il principale porto navale britannico nel Pacifico. I porti d'alto mare fornivano un accesso eccellente per le navi da guerra pesanti, mentre le ampie strutture portuali offrivano la possibilità di effettuare riparazioni altrimenti disponibili solo negli Stati Uniti e in Gran Bretagna.

L'isola era pesantemente difesa contro uno sbarco dal mare. Era vista come la "Gibilterra dell'Est".

Queste strutture e le sue difese erano ben note in Giappone e i pianificatori giapponesi stavano progettando uno sbarco a Malacca. In effetti, tutte le difese erano state costruite contro uno sbarco dal mare, non contro un attacco attraverso Malacca infestata dalla malaria.

La penisola stessa aveva un grande valore, producendo il 43% della produzione mondiale di stagno. Malacca era anche un'importante fonte di gomma. Le piantagioni di gomma erano di grande valore per entrambe le parti; Malacca produceva oltre il 30% della gomma mondiale. Le piantagioni di cauccIù erano considerate così importanti che l'esercito britannico non poteva esercitarvi, o solo in minima parte.

Negli anni precedenti la Seconda Guerra Mondiale, gli inglesi elaborarono diverse strategie di difesa. Una di queste era una risposta nel caso in cui il Giappone avesse attaccato attraverso Malacca: l'operazione Matador. Il piano prevedeva anche un aumento delle risorse, in particolare oltre 670 aerei, necessari per respingere un attacco giapponese importante. Il governo britannico ne ridusse il numero a 350 e per questi aerei fu costruita una serie di campi d'aviazione a Malacca. Churchill, tuttavia, diede la priorità prima alla battaglia d'Inghilterra, poi agli aiuti all'Unione Sovietica e alla lotta in Medio Oriente.

L'Operazione Matador prevedeva anche un'incursione difensiva nel sud della Thailandia per impedire uno sbarco giapponese. Questo compito fu affidato all'11ª Divisione indiana del Terzo Corpo d'armata indiano, già responsabile della difesa della Malacca settentrionale. Il piano non chiarisce come questa divisione debba svolgere due compiti contemporaneamente.

Il comandante britannico coordinò i suoi piani di difesa con i difensori olandesi nelle Indie Orientali Olandesi.

L'Aviazione Militare del Reale Esercito delle Indie Orientali Olandesi (ML-KNIL) disponeva di circa 450 aerei, suddivisi in diversi gruppi. In totale, il governo olandese aveva ordinato 144 Brewster del tipo 339C e 339D. Allo scoppio della guerra, tuttavia, ne erano stati consegnati solo 71, di cui solo circa 50 erano pronti all'uso.

Il 25 dicembre 1941, tutti i 9 Brewster 339D del 2-VLG-V, insieme a tutti i 12 piloti della divisione, furono inviati a Kallang per aiutare gli inglesi a difendere Singapore dai giapponesi. Questi caccia erano dotati di portabombe e
50

potevano quindi essere utilizzati anche come bombardieri in picchiata.

Durante diverse operazioni fuori Singapore, i Brewster olandesi condussero diverse operazioni, tra cui l'affondamento di un cacciatorpediniere giapponese e l'abbattimento di quattro aerei giapponesi.

Durante la difesa di Singapore, un pilota di Brewster perse la vita. Il 18 gennaio 1942, gli aerei rimanenti furono richiamati a Giava per far fronte alle carenze olandesi. Oltre ai caccia Brewster, per difendere Singapore vennero utilizzati anche alcuni bombardieri di altri gruppi di aerei della ML-KNIL.

Malacca fu difesa dal Terzo Corpo d'Armata Indiano. Questo è stato rafforzato con unità provenienti dall'Australia.

Gli inglesi rafforzarono la difesa dell'isola, ma non furono troppo diligenti. Nelle parole di un sottufficiale britannico:

> *"Spero che non diventiamo troppo forti a Malacca, perché poi i giapponesi non oseranno più sbarcare".*

L'atmosfera generale sull'isola era quella di un sereno e infondato senso di superiorità coloniale.

Anche sul versante giapponese non tutto è andato per il meglio. I piani per l'attacco a Malacca furono affidati al generale Yamashita. Il rapporto tra lui e il suo superiore Tojo era diffidente e ostile.

Il 2 novembre 1941, Yamashita ricevette il comando della 25ª Armata (第25軍, *cannone Dai-nijyūgo*) per l'attacco a Malacca e Singapore. Allo stesso tempo, a Masaharu Homma fu affidato il comando della 14ª Armata per l'attacco alle Filippine e a Hitoshi Imamura il comando della 16ª Armata per l'attacco alle Indie Orientali Olandesi.

Yamashita ha avuto poco tempo per prepararsi. Ciononostante, organizzò la copertura aerea da parte della 3ª Flotta aerea con 459 aerei e di 159 aerei della marina.

L'isola di Hainan, a metà strada tra il Giappone e Malacca, doveva servire come base operativa. Ha rinunciato a due delle cinque divisioni offerte, concludendo che la capacità di approvvigionamento per esse era insufficiente. La 25ª Armata sarebbe stata composta dalla 18ª Divisione sotto il generale Renya Mutaguchi, dalla 5ª Divisione sotto il
52

generale Takuro Matsui e da una divisione della Guardia Imperiale sotto il generale Takuma Nishimura.

Gli ufficiali non si conoscevano tra loro; il compito di Yamashita era quello di formare un'unità. Tuttavia, la collaborazione con Nishimura si sarebbe rivelata problematica nel corso della campagna. Il generale Hisaichi Terauchi, comandante dell'Armata del Sud, aveva nel suo staff un colonnello che aveva studiato la guerra nella giungla a Hainan. Yamashita ne trasse grande vantaggio, ma sapeva anche che Terauchi stava usando il colonnello come spia.

A Singapore vivevano diverse migliaia di giapponesi e Yamashita aveva quindi a disposizione informazioni abbastanza affidabili. Pertanto, concluse rapidamente che

non doveva attraversare 30 ponti, ma 500 ponti nel suo percorso da nord a sud.

Il 4 dicembre 1941, la 25a Armata si imbarcò. Il coordinamento era molto importante, poiché lo sbarco a Malacca doveva avvenire quasi contemporaneamente all'attacco a Pearl Harbor, nonostante la lunga distanza e i diversi fusi orari.

Il 6 dicembre 1941, un aereo da ricognizione australiano osservò la flotta giapponese composta da 25 navi da trasporto, accompagnate da un incrociatore pesante, cinque incrociatori e navi minori. L'ammiraglio britannico Sir Thomas Phillips e l'ammiraglio statunitense Thomas C.

Hart conclusero che l'obiettivo era la Thailandia neutrale o Malacca.

La Repulse fu successivamente richiamata dal suo viaggio verso Darwin. Quattro cacciatorpediniere statunitensi furono inviate nell'area delle operazioni. Il 7 dicembre 1941, la flotta giapponese fu nuovamente avvistata. Ulteriori ricognizioni da parte degli aerei britannici fallirono a causa del maltempo. Il maresciallo dell'aria Sir Robert Brooke-Popham decise di non procedere a un'invasione difensiva della Thailandia neutrale.

Le battaglie per Malacca

Il 7 dicembre 1941, due divisioni di fanteria giapponesi sbarcarono a Malacca. Sbarcati a Kota Bahru, i giapponesi persero tra i 300 e gli 800 uomini a causa della feroce resistenza del battaglione indiano Dogra e dei raid aerei britannici.

Nei successivi combattimenti, le unità britanniche si dimostrarono praticamente impotenti contro l'esercito giapponese.

55

La scarsa coordinazione da parte britannica portò al successo dell'attacco giapponese all'aeroporto di Singapore il 9 dicembre 1941. Nel processo, la RAF perse quasi tutti i suoi aerei da combattimento basati a Singapore.

L'11 e il 12 dicembre 1941, le truppe britanniche subirono un'umiliante sconfitta nella battaglia di Jitra, nonostante la pratica mancanza di artiglieria da parte giapponese.

Un'incursione dell'8 dicembre 1941 delle corazzate britanniche *Prince of Wales* e *Repulse*, nel tentativo di intercettare una flotta d'invasione giapponese, portò al loro affondamento il 10 dicembre 1941 in un attacco di aerei giapponesi.

La difesa britannica si è semplicemente precipitata a Singapore dopo la battaglia di Jitra. Ogni posizione difensiva fu rapidamente affiancata o violata dalle unità giapponesi ben addestrate. Il buon addestramento delle truppe giapponesi nella giungla si rivelò di grande valore. Man mano che le truppe giapponesi guadagnavano terreno, prendevano anche il controllo dei campi d'aviazione appena costruiti, affermando di fatto la loro superiorità aerea.

L'11 gennaio 1942, i giapponesi conquistarono la capitale malese Kuala Lumpur. Nel frattempo Yamashita aveva notevoli problemi di approvvigionamento, ma la conquista di questa città risolse il problema in vari modi.

Le unità australiane riuscirono per due volte a intrappolare l'avanguardia giapponese, ma anche in seguito furono cacciate senza pietà verso sud.

Le battaglie per Singapore

Il 31 gennaio 1942, le ultime truppe britanniche si ritirarono demoralizzate da Malacca su una diga di pietra che collegava l'isola di Singapore alla terraferma.

Il comandante delle forze australiane riassunse così la sconfitta alleata:

> "L'intera operazione sembra incredibile: 550 miglia respinte in 55 giorni da un piccolo esercito giapponese di due divisioni, a cavallo di biciclette rubate e senza alcun supporto di artiglieria".

Percival distribuì i suoi uomini su tutto il tratto di costa dell'isola, lungo 70 km, rendendo le difese molto sottili.

L'8 febbraio 1942, le truppe giapponesi attraversarono lo stretto che separa Singapore da Malacca (Stretto di Johore).Già due giorni dopo, il 10 febbraio 1942, i britannici furono costretti a ritirarsi dalla parte settentrionale dell'isola su una seconda linea difensiva.Il giorno successivo, l'11 febbraio 1942, i giapponesi guidati da Tomoyuki Yamashita erano già alla periferia.

Il 13 febbraio 1942, sapendo che i suoi rifornimenti erano in grave difficoltà, Yamashita chiese al comandante britannico, il generale Arthur Percival, di "cessare questa futile e disperata resistenza".

Il giorno successivo, gli Alleati riuscirono a tenere il passo in una piccola area sul lato meridionale dell'isola, ma il 14 febbraio 1942 persero nuovamente terreno. I suoi principali consiglieri consigliarono a Percival di arrendersi, anche per ridurre al minimo le vittime civili. Percival non ricevette il permesso di arrendersi da Winston Churchill.

Il giorno successivo, gli Alleati continuarono a combattere, mentre le vittime civili aumentavano. Un milione di civili si concentravano nella piccola area in cui gli Alleati resistevano nonostante i bombardamenti e i bombardamenti dell'artiglieria. Le riserve d'acqua erano in pericolo. Le truppe giapponesi uccisero duecento pazienti e il personale dell'"Alexandra Barracks Hospital", mentre l'esercito britannico aveva installato nidi di mitragliatrici al primo e al secondo piano.

La mattina del 15 febbraio 1942, le truppe giapponesi sfondarono le ultime difese britanniche a nord. Gli Alleati erano ormai a corto di cibo e di alcuni tipi di munizioni. Dopo aver incontrato i suoi subordinati, Percival si mise in contatto con i giapponesi e poco dopo le 17:15 ora locale, firmò la resa.

Circa 130.000 soldati indiani, australiani e britannici furono fatti prigionieri di guerra: la più grande resa di soldati britannici della storia.

Impatto

La fortezza di Singapore era stata l'anello di congiunzione del Comando americano-britannico-olandese-australiano (ABDACOM). Con la caduta di Singapore, sono sorti problemi di coordinamento in questo comando, che nel giro di poche settimane è caduto nelle Indie Orientali Olandesi. In questo modo le risorse petrolifere strategiche delle Indie Orientali Olandesi rimasero nelle mani dei giapponesi.

L'area di comando alleata era geograficamente divisa in due parti, nell'Oceano Indiano e nel Pacifico. Gli americani si occuparono dell'area del Pacifico e dell'Australia, il Comando dell'area del Pacifico sud-occidentale; i britannici presero il comando delle aree che si affacciano sull'Oceano Indiano, il Comando dell'Asia sud-orientale.

Rinominarono la Singapore occupata dai giapponesi *Syonan-to* (昭南島 *Shōnan-tō*), "Luce dell'Isola del Sud".

Yamashita acquisì il soprannome di "Tigre di Malacca". Fu trasferito in una postazione al confine sino-russo, dove non rimase ucciso in azione. Il 23 febbraio 1946, gli americani lo condannarono al cappio per i crimini di guerra dei suoi uomini nelle Filippine.

Ancora oggi, le fonti anglosassoni spesso attribuiscono la rapida avanzata del Giappone attraverso Malacca e Singapore alla superiorità aerea e alla superiorità dei carri armati giapponesi, ma questa difesa si rivela una scusa debole a un'analisi più attenta. Le truppe giapponesi, almeno inizialmente, non avevano carri armati o artiglieria. Tuttavia, erano esperti e addestrati alla guerra nella giungla. All'inizio gli inglesi avevano campi d'aviazione, aerei, due navi da guerra e rifornimenti sufficienti. I giapponesi operavano a 500 miglia dalla base più vicina.

Grazie alla velocità con cui Yamashita riuscì ad avanzare, privò gli inglesi dell'opportunità di prendere buone posizioni e di rafforzarle a sufficienza. Riuscì a minimizzare i suoi punti deboli e a sfruttare al meglio le debolezze britanniche.

La battaglia è considerata una delle più grandi sconfitte delle forze britanniche nella storia.

Dopo la conquista di Penang da parte dei giapponesi, iniziò l'avanzata verso Singapore. La città fu definita da Churchill "il più forte porto navale dell'est" e nessun britannico si aspettava che il porto cadesse in mano ai giapponesi. La difesa di Singapore era principalmente contro uno sbarco dal mare, non contro un attacco via Malacca, e questo fu esattamente ciò che fecero i giapponesi: Durante la loro avanzata, i trasporti anfibi continuarono ad arrivare dietro le linee britanniche, costringendole a ritirarsi. Da Kota Bharu, una seconda unità giapponese stava contemporaneamente avanzando verso sud lungo la ferrovia interna. Il 29 dicembre 1941, i giapponesi si radunarono intorno a Johoro da tre diverse direzioni.

In precedenza, il 10 dicembre 1941, le moderne corazzate britanniche HMS Repulse e HMS Prince of Wales erano già state affondate da aerei giapponesi, riducendo notevolmente le difese marittime di Singapore contro uno sbarco.A Singapore si pensava che la città fosse ben difesa e che non sarebbe mai stata attaccata. La città aveva una forza di difesa di 85.000 uomini e una forza aerea di 141 aerei obsoleti. Tuttavia, l'8 dicembre 1941, un attacco aereo giapponese fu lanciato contro Singapore. Singapore resistette per più di due settimane mentre i giapponesi attraversavano lo Stretto di Jehore, ma il 15 febbraio 1942 Singapore capitolò ai giapponesi, una pesante sconfitta per gli inglesi.

Nel gennaio 1942, i giapponesi invasero la colonia britannica della Birmania (Myanmar). Rangoon cadde a marzo. Con i rinforzi delle truppe alleate thailandesi e delle truppe giapponesi che si resero disponibili dopo la cattura di Singapore, i giapponesi furono in grado di conquistare la maggior parte della Birmania in pochi mesi. Seguì un caotico ritiro dei difensori britannici e cinesi in India e in Cina. Nel 1943 i giapponesi iniziarono a costruire una ferrovia da Bangkok a Rangoon per rifornire le truppe in vista di un'invasione dell'India. Questa *ferrovia della morte* è stata l'ispirazione per il film *Il ponte sul fiume Kwai*.

Conquista delle Indie Orientali Olandesi

Le Indie Orientali Olandesi (Indonesia) erano ricche di petrolio e quindi rivestivano un ruolo fondamentale per il Giappone durante la Seconda Guerra Mondiale. In precedenza si era tentato, attraverso consultazioni politiche, di far entrare le Indie nella sfera d'influenza giapponese, ma gli Stati Uniti si erano opposti con veemenza e avevano minacciato ogni tipo di sanzione.

Le Indie Orientali Olandesi non erano nelle migliori condizioni di difesa a causa dell'invasione tedesca dei Paesi Bassi e del limitato margine di manovra del governo di Londra. A ciò si aggiungeva il fatto che gran parte della marina e dell'aviazione erano sotto il controllo britannico o australiano in luoghi come Singapore, considerati di maggiore importanza strategica rispetto alle Indie Orientali Olandesi. In totale, la difesa dell'Indonesia (Indie Orientali) era costituita da 30000 uomini del Reale Esercito delle Indie Olandesi (KNIL), da soldati della polizia nativa "Landstorm", da 79 bombardieri (e più tardi da dieci australiani) e dalla Royal Navy, compreso l'incrociatore leggero Tromp.

Gli attacchi giapponesi alle Indie Orientali Olandesi iniziarono il 10 gennaio 1942, quando le truppe giapponesi effettuarono uno sbarco intorno a Tarakan, nel Borneo, sulla costa orientale dell'isola, che era occupata solo debolmente dalle truppe olandesi. Tuttavia, i giapponesi non riuscirono a mettere le mani sul loro premio: gli olandesi diedero deliberatamente fuoco al petrolio di Tarakan, che veniva estratto in modo utile a basse profondità.Contemporaneamente, i giapponesi effettuarono degli sbarchi a Celebes, vicino alla città di Manado, importante per la sua baia riparata e base per gli idrovolanti.L'11 gennaio 1942, i giapponesi effettuarono qui il loro più grande sbarco e catturarono Manado.

Invasione di Sumatra nel 1942

In seguito all'attacco giapponese a Pearl Harbor, i Paesi Bassi avevano dichiarato guerra al Giappone il giorno successivo. Le Indie Orientali Olandesi erano un obiettivo attraente per il Giappone per la presenza di materie prime. La guerra iniziò con lo sbarco dei giapponesi nel Borneo il 17 dicembre 1941. Tuttavia, era chiaro che altre isole sarebbero state presto seguite.

Dall'inizio del 1942 iniziarono i preparativi per la difesa. Ad Aceh e nella Costa Orientale (Nord Sumatra), il Comando Territoriale era nelle mani del colonnello Vic Gosenson dal 1936. All'inizio di febbraio, il maggiore generale Roelof Overakker fu trasferito da Giava Est a Sumatra Centrale e vi assunse il comando militare. A Sumatra Sud il comando era affidato al tenente colonnello L.N.W. Vogelsang.

Le difese di Sumatra, come praticamente in tutto l'arcipelago, erano debolmente organizzate. Era chiaro che avevano poche possibilità contro l'esercito giapponese. A causa dei tagli al bilancio, il Reale Esercito Olandese delle Indie Orientali (KNIL) aveva poche armi moderne. Poco prima dello scoppio della guerra furono organizzati i

66

cosiddetti *partiti di distruzione*. Si trattava di civili indonesiani incaricati di distruggere importanti ponti, strade, raffinerie di petrolio e altri punti di appoggio prima che cadessero nelle mani dei giapponesi. Poiché un gran numero di vp fu trasferito presto a Giava, dato che anche lì erano scoppiati i combattimenti, essi poterono fare ben poco a Sumatra.

Battaglia di Palembang

La battaglia per Sumatra iniziò con la battaglia di Palembang. Palembang era un luogo strategicamente importante per la presenza di una raffineria di petrolio. Le forze alleate avevano centrato le loro difese aeree intorno a due campi d'aviazione. La Royal Australian Air Force stazionò sull'isola 40 bombardieri Bristol Blenheim e 35 Lockheed Hudson. In seguito seguirono altri aerei delle forze aeree britanniche, australiane e neozelandesi. Il KNIL aveva circa duemila uomini di stanza intorno ai campi d'aviazione.

I primi raid aerei giapponesi ebbero luogo il 6 febbraio. La mattina del 13 febbraio, la nave britannica *HMS Li Wo*, comandata dal tenente di vascello Thomas Wilkinson,

67

incontrò il convoglio d'invasione giapponese. Nonostante il suo armamento leggero, la nave aprì l'attacco e mise a ferro e fuoco una delle navi da trasporto giapponesi, mentre diverse altre furono danneggiate. Quando dopo 90 minuti finì le munizioni, Wilkinson diede l'ordine di speronare la nave da trasporto più vicina prima che la sua fosse distrutta dal fuoco giapponese.

Mentre gli aerei alleati attaccavano la flotta d'invasione giapponese, il 13 febbraio l'aviazione giapponese sganciò alcune centinaia di paracadutisti. Centottanta giapponesi sbarcarono tra Palembang e Pangkalan Benteng e più di 90 a ovest della raffineria di petrolio di Pladju. Due ore dopo il primo atterraggio, altri 60 paracadutisti furono sganciati vicino al campo d'aviazione. Non riuscirono a prendere il campo d'aviazione, ma la raffineria di petrolio cadde nelle loro mani senza danni. Un precipitoso contrattacco da parte dei membri della Landstorm e delle truppe antiaeree ebbe successo, tanto che il complesso fu ripreso. Della distruzione preventiva della raffineria in caso di attacco giapponese non si seppe più nulla.

Dall'ABDACOM, la struttura di comando congiunta alleata, tutti gli aerei alleati ricevettero l'ordine di dirottare verso

Giava, dove era previsto un attacco giapponese di grande portata. Altri militari furono evacuati attraverso il Porto Orientale verso Giava o le Indie Orientali Britanniche. Questo segnò la caduta de facto di Palembang.

Lotta nella Sumatra centrale e settentrionale

A Sumatra centrale, il maggiore generale Overakker, che aveva a disposizione circa 2.500-3.000 soldati del KNIL, riteneva di avere troppo pochi uomini per difendere sia la costa orientale che quella occidentale dell'isola. Decise quindi di concentrare le sue truppe sulla costa occidentale e di ritirarsi lentamente verso Emmahaven e Pedang per difendere i porti. Gosenson a Sumatra Nord aveva a disposizione solo un migliaio di soldati.

Eventi fuori dal controllo degli olandesi a Sumatra determinarono il loro destino. Durante le varie battaglie navali, la maggior parte della flotta alleata fu distrutta. A Giava, l'isola principale dell'arcipelago, il KNIL fu invaso dai giapponesi. Il 9 marzo si arresero sotto il comando del tenente generale Hein ter Poorten. A Sumatra, il maggiore generale Overakker e il colonnello Gosenson avevano concordato in anticipo di continuare a combattere in caso

69

di capitolazione. Il piano era di ritirarsi nella Valle di Alas, un'aspra zona montuosa vicino a Blangkedjeren, e di iniziare da lì una guerriglia.

Certamente in Aceh, anche durante la guerra di Aceh, gli olandesi si erano fatti molti nemici. Il maggiore giapponese Fujiwari Iwaiwchi aveva fondato un'organizzazione nazionalista a Malacca nel dicembre 1941, che ora si opponeva attivamente agli olandesi. Inoltre, le truppe provenienti da sud dovevano percorrere lunghe distanze. Pertanto, pochi soldati del KNIL sono riusciti a raggiungere la valle.

I primi giapponesi, appartenenti alla 25ª Armata, misero piede a Sumatra Nord il 12 marzo. In totale, contavano circa diecimila uomini. In breve tempo catturarono gran parte della costa nord-orientale e poi si spostarono verso l'interno.

Le forze giapponesi potevano contare anche sul supporto aereo. Fu quindi presto chiaro a Gosenson e Overakker che la loro missione non aveva alcuna possibilità di successo. Si arresero a Kutatjane il 28 marzo, lasciando Sumatra interamente in mano giapponese.

Battaglia del Borneo

Il Borneo era un obiettivo attraente. Era debolmente difeso e offriva molte opportunità per l'estrazione del petrolio. Il petrolio era fondamentale per il Giappone per sostenere la guerra a lungo termine. Inoltre, la conquista del Borneo era necessaria per controllare le rotte marittime chiave verso isole come Giava, Sumatra e Celebes.

Battaglia del Borneo

Le forze alleate si unirono sotto una struttura di comando congiunta chiamata ABDACOM (American-British-Dutch-Australian Command) nel dicembre 1941. Il maresciallo dell'aria Robert Brooke-Popham aveva inviato diverse unità dell'esercito nel Borneo alla fine del 1940. Questi erano principalmente dislocati nei dintorni di Kuching. La forza totale dell'esercito aveva una dimensione di circa 1.050 uomini. Il governo del Rajah Bianco aveva messo in campo circa 1.500 uomini in più, organizzati come Sarawak Rangers.

Le forze olandesi si erano concentrate intorno all'aeroporto di Singkawang II, vicino al confine con il Sarawak. Quel campo d'aviazione era difeso da più di 700 uomini. Il 25 novembre giunsero cinque caccia Brewster F2A e 10

72

bombardieri Martin B-10. Il Naval Air Service aveva una base a Pontianak, con tre Dornier Do 24 e protetta da una guarnigione KNIL composta da quasi 500 soldati e guidata dal tenente colonnello Dominicus Mars.

Combattimenti

La forza principale dell'invasione giapponese, comandata dal maggiore generale Kiyotake Kawachguchi, era costituita dalla 35ª Brigata di fanteria. Partì dalla baia di Cam Ranh, nell'Indocina francese, il 13 dicembre e consisteva in 10 navi da trasporto. Era scortata da un incrociatore, quattro torpediniere e un sottomarino. Il gruppo di supporto era composto da due incrociatori e due

73

torpediniere. I primi obiettivi sono stati Miri e Seria, due città sulla costa settentrionale del Borneo con grandi giacimenti di petrolio nelle vicinanze.

Subito dopo l'attacco a Pearl Harbor, gli inglesi avevano già proceduto a distruggere le installazioni minerarie di Ollie, giusto in tempo perché i giapponesi arrivarono una settimana dopo e presero entrambi i luoghi con poca resistenza. Un altro obiettivo era Kuching e i campi di aviazione vicini. Tuttavia, il convoglio che lo raggiungeva fu scoperto e attaccato dai bombardieri olandesi Martin B-10, ma con pochi danni. Più successo ebbero i tre Dornier Do 24 che seguirono, anche se uno fu abbattuto. Un'altra nave volante ha piazzato un colpo diretto, affondando la torpediniera *Shinonome*. Entrambi i velivoli rimanenti attaccarono ancora i giapponesi a Miri il 18 e il 19 dicembre, ma poi si ritirarono a Sumatra poiché i giapponesi avevano scoperto il campo d'aviazione di Sinkawang II e procedettero immediatamente all'attacco.

Il 22 dicembre un convoglio giapponese partì da Miri verso Kuching, ma fu individuato da una nave volante olandese.

A questo punto il sottomarino olandese *Hr.Ms K XIV* si infiltrò nel convoglio la notte del 23 dicembre e affondò due navi da trasporto, uccidendo centinaia di giapponesi. Tuttavia, la maggior parte delle forze arrivò a Kuching e gli inglesi presenti furono sopraffatti e dovettero abbandonare la città. I sopravvissuti del 15° reggimento del Punjab si ritirarono a Sinkawang.

La notte successiva, un altro sottomarino olandese, l'*Hr.Ms K XVI*, riuscì ad affondare la torpediniera giapponese *Sagiri* 50 chilometri a nord di Kuching. Il 25 dicembre, il K XVI fu a sua volta inseguito in fondo al mare da un sottomarino giapponese. Tutti i 36 membri dell'equipaggio persero la vita. Il 24 e il 28 dicembre, bombardieri B-10 provenienti da Singapore bombardarono i giapponesi a Kuching. Il 26 dicembre, i bombardieri alleati affondarono un dragamine e una nave da carico.

Nel frattempo, il 31 dicembre 1941, una forza giapponese si spostò più a nord per prendere anche Brunei, Labuan e Jesselton (oggi nota come Kota Kinabalu). Il 18 gennaio 1942, i giapponesi sbarcarono con piccole barche da pesca vicino a Sandakan, il centro governativo del Borneo settentrionale. Nonostante gli inglesi avessero una forza di poco meno di 650 uomini, la resistenza fu quasi nulla e il governatore britannico Charles Robert Smith si arrese.

Il 29 dicembre cadde anche Sinkawang, dopo di che le restanti truppe olandesi e britanniche si ritirarono nella giungla e si spostarono a sud verso Sampit e Pangkalanbun. Il Kalimantan meridionale e centrale, nel frattempo, era attaccato dal Giappone da ovest e da est. Il 29 gennaio 1942, Pontianak cadde come ultima grande città del Borneo. Le ultime truppe alleate che si erano ritirate nella giungla si arresero il 1° aprile 1942.

Il 29 gennaio, una forza congiunta australiano-olandese fu sconfitta ad Ambon, portando l'Australia nel raggio d'azione degli aerei giapponesi.

Timor olandese fu attaccata insieme a Timor portoghese, tenuta dalle truppe australiane, il 12 dicembre 1942.

Le deboli difese non furono all'altezza dei giapponesi, armati in modo superiore, e Timor capitolò. Un tentativo di impedire uno sbarco giapponese a Giava fallì e, il 28 febbraio 1942, le truppe giapponesi sbarcarono a Eretan Wetan, centro nevralgico delle Indie Orientali Olandesi. La battaglia durò più di una settimana e la decisione degli olandesi di difendere solo la più importante dal punto di vista strategico ed economico Giava Occidentale rallentò notevolmente l'avanzata giapponese. Tuttavia, l'incoraggiato KNIL non poté impedire che anche Giava cadesse nelle mani dei conquistatori.

Alla fine di febbraio, i giapponesi controllavano la maggior parte di Timor olandese e l'area intorno a Dili nel nord-est. Tuttavia, non potevano spostarsi a sud e a est dell'isola senza temere un attacco. Il 2/2° (compagnia indipendente) si nascose tra le montagne di Timor portoghese e iniziò ad attaccare i giapponesi, supportato da guide e portatori timoresi con pony da montagna timoresi.

Sebbene i funzionari portoghesi rimanessero ufficialmente neutrali e responsabili degli affari civili, i coloni e i timoresi portoghesi erano per lo più solidali con gli Alleati, il che permise loro di utilizzare il sistema telefonico locale per comunicare tra loro e raccogliere informazioni sui movimenti giapponesi. Tuttavia, non riuscivano a mettersi in contatto con il mondo esterno, a causa della mancanza di apparecchiature radio funzionanti.

L'offensiva giapponese

In agosto, le forze giapponesi avevano iniziato a bruciare i villaggi che avrebbero fornito aiuti agli Alleati. Il comandante della 48ª Divisione giapponese, il tenente generale Yuichi Tsuchihashi, era arrivato per assumere il comando delle operazioni a Timor. Spostò le truppe a est di Timor olandese per attaccare le posizioni olandesi nel centro sud dell'isola. L'offensiva si concluse il 19 agosto, dopo aver conquistato la città centrale di Maubisse e il porto meridionale di Beco.

Alla fine di agosto, le cose si complicarono quando scoppiò una ribellione contro i portoghesi tra la popolazione indigena, dando inizio a un conflitto parallelo. I giapponesi reclutarono anche un gran numero di civili timoresi come esploratori per osservare e comunicare i movimenti degli Alleati.

A settembre, la parte principale della 48ª Divisione giapponese arrivò per prendere il controllo della campagna. Il 23 settembre gli australiani inviarono anche dei rinforzi, sotto forma della 2/4ª Compagnia indipendente di 450 uomini, nota come Lancer Force. Il cacciatorpediniere *HMAS Voyager si* incagliò nel porto meridionale di Betano durante lo sbarco del 2/4°.

A ottobre, i giapponesi erano riusciti a reclutare un numero significativo di civili timoresi per combattere, ma questi subirono gravi perdite negli attacchi frontali contro gli alleati. Anche i coloni subirono pressioni per aiutare i giapponesi e nei primi sei mesi di occupazione furono uccisi almeno 26 civili portoghesi, tra cui funzionari locali e un sacerdote cattolico. Il 1° novembre, il Comando supremo alleato approvò il rilascio di armi agli ufficiali portoghesi.

L'11 e il 12 dicembre, il resto della *Forza Sparrow* originale, ad eccezione di alcuni ufficiali, fu evacuato con un certo numero di civili portoghesi, dal cacciatorpediniere olandese *Hr.Ms. Tjerk Hiddes*.

Ormai le possibilità di una Timor alleata erano scarse, dato che sull'isola c'erano ormai 12.000 truppe giapponesi e i commando erano sempre più a contatto con il nemico.

I giapponesi sbarcarono anche nella Nuova Guinea olandese, vicino a Hollandia, e iniziarono ad avanzare verso la parte australiana. Il 23 gennaio 1942, i giapponesi

80

occuparono il porto di Rabaul senza incontrare molta resistenza. Questo porto era uno dei migliori porti naturali del mondo ed era fondamentale per il controllo dell'arcipelago di Bismarck. Fu quindi rapidamente catturata dalle demoralizzate forze alleate.

Nella stessa Nuova Guinea, la battaglia divenne sempre più feroce: i giapponesi incontrarono una forte resistenza per la prima volta nella loro guerra di conquista. L'8 marzo, i giapponesi riuscirono a occupare con poche difficoltà le città di Lae e Salamaua, prendendo il controllo di tutta la Nuova Guinea settentrionale. Una via di rifornimento, il Kokoda Trail, un passo di montagna attraverso la giungla sulle Owen Stanley Mountains, era l'unica ancora di salvezza per gli Alleati.

Contemporaneamente, una forza giapponese sbarcò nelle Isole Salomone, a est della Nuova Guinea, e le truppe britanniche presenti dovettero capitolare. Questa fu la fine dell'espansione giapponese: non riuscirono a catturare la Nuova Guinea olandese meridionale e le isole difese tra le Isole Salomone e la Nuova Guinea.

81

Punto di svolta della guerra

Guam e Wake avevano una grande importanza strategica e militare nel Pacifico. L'America vi aveva una base navale e aerea che le consentiva di coprire gran parte del Pacifico centrale con i bombardieri, una seria minaccia per le posizioni avanzate giapponesi intorno alle Isole Gilbert e alle Isole Marshall.

Guam fu attaccata da forze giapponesi schiaccianti, e dopo soli due giorni dovette abbandonare la resistenza contro il nemico che la circondava ovunque. Wake riuscì a resistere al primo debole sbarco giapponese, e gli aerei delle isole Wake effettuarono ancora qualche sortita sulle Marianne, ma poi arrivarono sette torpediniere che lanciarono un bombardamento dopo il quale sbarcò una squadra giapponese più potente.

Dopo il successo dell'attacco a Pearl Harbor, il Giappone voleva un punto d'appoggio nel Pacifico centrale. Un'invasione delle Hawaii, nonostante il successo del 7 dicembre 1941, fu esclusa per il momento. Midway, quasi a metà della linea Tokyo-Hawaii, era un'ottima alternativa. All'inizio del giugno 1942, un'enorme flotta giapponese salpò per catturare il piccolo arcipelago dal grande valore strategico. Contemporaneamente, una flotta salpò per catturare le Aleutine. Tuttavia, gli americani avevano decifrato il codice segreto dei giapponesi ed erano pronti con i caccia e i bombardieri del campo d'aviazione di Midway e delle tre portaerei rimanenti *Enterprise*, *Hornet* e *Yorktown*.

Il 5 giugno 1942 ebbe luogo la battaglia delle Midway. Gli americani sorpresero completamente i giapponesi. Tuttavia, l'ammiraglio statunitense Nimitz ebbe bisogno di un bel po' di fortuna per respingere l'attacco giapponese. Le portaerei giapponesi furono attaccate mentre i loro ponti erano pieni di aerei e bombe completamente riforniti. Sei colpi furono sufficienti a distruggere due portaerei giapponesi. Nel corso della giornata, gli americani affondarono altre due portaerei. I giapponesi annullarono quindi l'invasione di Midway. Tuttavia, i giapponesi riuscirono a bombardare Midway con i bombardieri decollati dalle loro portaerei il giorno stesso.

La vittoria americana a Midway fu la prima volta che gli Alleati riuscirono a fermare il Giappone. Midway segnò quindi il punto di svolta della guerra nel Pacifico. Nel frattempo i giapponesi riuscirono ad annettere alcune delle isole Aleutine, che vennero però gradualmente riconquistate dopo l'errata ritirata giapponese nella battaglia delle isole Komandorski.

I giapponesi non si arresero e lanciarono un attacco alle Isole Salomone, una serie di isole a nord-est dell'Australia. Conoscendo i codici giapponesi per il traffico radio, gli americani sapevano dell'invasione e inviarono una grande flotta per respingere l'attacco. Nel maggio 1942 le due flotte si scontrarono nel Mar dei Coralli, sconfiggendo i giapponesi.

La battaglia nel Mar dei Coralli

La Battaglia del Mar dei Coralli, all'inizio di maggio del 1942, può essere considerata un punto di svolta nella Seconda Guerra Mondiale per diversi aspetti: fu la prima battaglia navale in cui le portaerei si attaccarono a vicenda e la prima in cui nessuna delle due navi vide l'altra. La battaglia segnò anche il punto in cui l'avanzata giapponese nel Pacifico fu fermata per la prima volta.

Sfondo

Dopo aver conquistato in pochi mesi gran parte del Sud-Est asiatico, l'Impero giapponese era all'apice della sua potenza militare. Gli Alleati erano ancora provati da una serie di sconfitte. La strategia alleata si concentrava su un rafforzamento difensivo dell'esercito e del corpo dei marines statunitensi in Nuova Caledonia e delle forze aeree e terrestri australiane a Port Moresby, nella Nuova Guinea meridionale.

Nell'aprile 1942, le forze giapponesi partirono dalla loro base di appoggio di Rabaul per una doppia invasione anfibia a Port Moresby (Operazione MO) e a Tulagi nelle Isole Salomone. L'obiettivo era triplice: ottenere il controllo delle Isole Salomone, conquistare Port Moresby (l'ultima base tra il Giappone e il continente australiano) e costringere le portaerei statunitensi a combattere per la prima volta nella guerra.

Gli storici sono divisi sull'obiettivo a lungo termine del Giappone. Non ci sono dubbi sul fatto che essi vedessero le Isole Salomone come un bastione contro i futuri contrattacchi statunitensi. Sembra anche plausibile che avessero in mente un'invasione dell'Australia settentrionale. Tuttavia, vi sono notevoli dubbi sugli obiettivi giapponesi a lungo termine. La pratica della pianificazione giapponese era complessa, con aree di responsabilità mal definite e aspri dibattiti tra esercito e marina.

Salparono diverse flotte: le forze di invasione per le Isole Salomone e Port Moresby, e una flotta di protezione composta da due nuove grandi portaerei (*Shokaku* e *Zuikaku*, entrambe reduci dall'attacco a Pearl Harbor), una portaerei più piccola (*Shoho*), due incrociatori pesanti e

87

aerei di supporto. Intercettando i messaggi radio, gli Alleati seppero che gli aerei giapponesi basati a terra si stavano spostando verso sud e che una grande operazione era imminente.

Sono stati in grado di contrastarli con tre flotte: La USS *Yorktown* (CV-5), già presente nel Mar dei Coralli sotto il comando dell'ammiraglio Frank Jack Fletcher, la USS *Lexington* (CV-2), in rotta verso questo punto, e una flotta di navi di superficie. Le portaerei USS *Hornet* (CV-8) e USS *Enterprise* (CV-6) si stavano dirigendo verso sud dopo il Raid Doolittle su Tokyo, ma arrivarono troppo tardi per unirsi alla battaglia.

La battaglia

1-6 maggio

La *Lexington* arrivò a *Yorktown* il 1° maggio. Il 3 maggio i giapponesi occuparono Tulagi senza opporsi e iniziarono a costruire un campo d'aviazione. Dopo aver fatto rifornimento di carburante, la *Yorktown* si diresse verso Tulagi e il 4 maggio effettuò diversi attacchi di successo contro navi e aerei giapponesi. Di conseguenza, gli americani tradirono la presenza della loro portaerei, ma affondarono il cacciatorpediniere giapponese *Mikazuki*. La capacità di effettuare voli di ricognizione dall'isola è stata danneggiata. Dopo ciò, la *Yorktown si ritirò* verso il punto di incontro concordato con la *Lexington* e gli incrociatori appena arrivati. Nel frattempo, due grandi portaerei giapponesi si avvicinarono da sud, lasciando la flotta statunitense intrappolata tra due flotte giapponesi.

I B-17 terrestri attaccarono la flotta d'invasione in avvicinamento a Port Moresby il 6 maggio, ma senza successo. (Ci sarebbe voluto quasi un altro anno prima che si riconoscesse che i voli di bombardamento ad alta quota su navi in movimento erano privi di scopo). Sebbene entrambe le flotte abbiano effettuato molti voli di ricognizione il 6 maggio, non sono state in grado di localizzarsi a vicenda quel giorno, in parte a causa della copertura nuvolosa. Durante la notte, le due flotte erano distanti più di 100 km. Altri aerei alleati si mescolarono alla battaglia dalle basi aeree di Cooktown e Iron Range nella penisola di Cape York.

6-7 maggio

89

Quella notte, Fletcher prese la difficile decisione di inviare le sue principali navi di superficie al comando dell'ammiraglio australiano John Crace per bloccare la rotta più probabile della flotta d'invasione giapponese verso Port Moresby. La flotta di Crace era composta dagli incrociatori HMAS *Australia*, USS *Chicago* (CA-29), HMAS *Hobart* e dai cacciatorpediniere USS *Perkins*, USS *Walke* e USS *Farragut*. Sia Fletcher che Crace si resero conto del rischio che questa squadra, priva di protezione aerea ed esposta agli attacchi degli aerei terrestri giapponesi, rischiava di subire la stessa sorte delle corazzate britanniche HMS *Prince of Wales* e HMS *Repulse* cinque mesi prima.

I loro timori si concretizzarono quando, nel pomeriggio del 7 maggio, la squadriglia fu avvistata da uno squadrone di aerosiluranti giapponesi e subì una serie di intensi raid aerei.

Per fortuna o per abilità, le navi alleate si salvarono, perdendo la *USS Neosho (AO-23)* e la *USS Sims*. Pochi minuti dopo l'attacco giapponese, la squadriglia fu erroneamente attaccata da B-17 statunitensi. Anche in questo caso, il *Farragut* e il *Perkins se la cavarono* senza danni.

Gli aerei da ricognizione statunitensi individuarono la flotta d'invasione giapponese con la piccola portaerei giapponese *Shoho*. Fletcher schierò 53 bombardieri, 22 aerosiluranti e 18 caccia per un attacco che fu scambiato per la flotta principale giapponese. La *Shoho* fu affondata in questo attacco.

8 maggio

La mattina dell'8 maggio i giapponesi erano in vantaggio. Una bassa copertura nuvolosa incombeva sulle loro portaerei, rendendo difficile la ricerca degli aerei alleati. Le portaerei di Fletcher navigavano in un cielo senza nuvole.

Tuttavia, gli aerei da ricognizione di entrambi gli schieramenti individuarono le rispettive flotte in una successione abbastanza rapida. Subito dopo, entrambe le forze hanno lanciato un attacco aereo contro le portaerei della controparte. Le due ondate di aerei passarono inosservate. Nascosto dalla pioggia, lo *Zuikaku* sfuggì alla ricognizione, ma lo *Shokaku* fu colpito da tre bombe. In fiamme, la *Shokaku* non riuscì a salire a bordo del suo aereo di ritorno. È stata messa fuori gioco.

Entrambe le portaerei statunitensi furono colpite dall'attacco giapponese: la *Yorktown* da una bomba, la *Lexington,* più grande e meno manovrabile, sia da bombe che da siluri. È sopravvissuta ai danni iniziali, che sono stati giudicati riparabili. Un'ora dopo, tuttavia, il carburante

92

del jet esplose e la nave dovette essere abbandonata e silurata per evitare di cadere nelle mani dei giapponesi.

La forza di Crace rimase in posizione tra la flotta d'invasione giapponese e Port Moresby. Inoue, fuorviato da rapporti aerei errati sulla forza della squadra alleata, ordinò alla forza d'invasione di tornare indietro.

Impatto storico

- In termini tattici, i giapponesi ottennero una vittoria marginale: persero una piccola portaerei e gli americani una grande. Entrambi riportarono ancora pesanti danni a una delle loro grandi portaerei, ma per gli Alleati fu una spinta: dopo cinque mesi di continue sconfitte, c'era finalmente una battaglia in cui si affrontavano colpi ad armi pari.
- La spinta al morale fu estremamente importante: diede agli americani la fiducia di poter sconfiggere il Giappone.
- Lo sbarco dal mare a Port Moresby è stato impedito. Moresby costituiva un punto vitale nella strategia alleata e non poteva ancora essere difeso dalle forze di terra stanziate lì. La perdita di Port

Moresby avrebbe quasi certamente significato un'invasione e forse anche la perdita dell'Australia.

- A causa del mancato sbarco dal mare, il Giappone fu costretto a tentare di conquistare Port Moresby via terra. Questo ritardo fu appena sufficiente per consentire l'arrivo dell'esperta *Seconda Forza Imperiale Australiana*. Questi hanno poi combattuto nella campagna del Kokoda Track e nella battaglia di Milne Bay. Questo allentò la pressione su Guadalcanal.

- Senza una base in Nuova Guinea, l'avanzata alleata nel Pacifico sarebbe stata più costosa e prolungata di adesso.

- La perdita della *USS Lexington* fu un duro colpo, ma gli americani furono in grado di assorbire le perdite più velocemente del Giappone.

- La Marina statunitense imparò molto da questa battaglia. Dopo la perdita della *Lexington,* la Marina imparò a migliorare i metodi di stoccaggio del carburante per l'aviazione sulle portaerei. Inoltre, ha migliorato il controllo dello schermo aereo difensivo intorno alle portaerei. Dagli attacchi alle portaerei giapponesi derivarono preziose lezioni sul coordinamento dei bombardieri in picchiata e degli aerosiluranti (troppo tardi per la battaglia delle Midway, ma utili per il lungo periodo).

- La *USS Yorktown* tornò a Pearl Harbor.

- Anche se si stimava che la riparazione della *Yorktown* avrebbe richiesto mesi, gli equipaggi di Pearl Harbor compirono un'impresa eccezionale, rimettendola in grado di navigare in tempi brevissimi. Di conseguenza, durante la più importante battaglia delle Midway, era di nuovo presente. Questa presenza si rivelò decisiva (tre portaerei invece di due).

- Poiché lo *Shokaku* era danneggiato e lo *Zuikaku* era a corto di aerei, nessuno dei due fu in grado di partecipare alla cruciale battaglia di Midway un mese dopo.

- Sebbene la *Zuikaku* fosse solo leggermente danneggiata e trasportasse ancora 40 aerei, dovette tornare in Giappone per le riparazioni. La riparazione *dello Shokaku* è durata sei mesi. Nessuno dei due era presente alla battaglia di Midway. L'assenza di *Zuikaku* e *Shokaku* a Midway fu fatale per il Giappone, come poi si scoprì: due portaerei in meno da parte giapponese.

- Il Giappone poteva ancora assorbire la perdita di aerei e persino di portaerei, ma non avrebbe mai compensato la perdita dei suoi piloti più esperti e addestrati.

Battaglia di Guadalcanal

La **Battaglia di Guadalcanal**, nota anche con il nome in codice di **Operazione Watchtower**, durante la Seconda Guerra Mondiale portò alla cattura da parte delle forze statunitensi dell'isola di Guadalcanal (parte delle Isole Salomone Britanniche nell'Oceano Pacifico) occupata dai giapponesi nel 1942.

Le vittime giapponesi furono 24.000 e quelle americane 6.000: numeri limitati rispetto ad altre battaglie. La campagna fu segnata da duri combattimenti e da una serie di prime volte:

- Prima sconfitta delle forze terrestri giapponesi
- il primo sbarco anfibio delle forze americane dal 1898
- Varietà di combattimenti (azioni di flotta, bombardamenti costieri, tattiche di guerriglia, guerra terrestre, combattimenti aerei)

Introduzione

Guadalcanal si trova al centro della catena allungata delle Isole Salomone, a nord dell'Australia.

La Marina imperiale giapponese voleva trasformare le Isole Salomone in un'importante base strategica e nel 1942 iniziò un programma per occupare tutte le isole e costruire qui campi d'aviazione per i bombardieri di pattuglia terrestri.

Guadalcanal sarebbe diventata la base principale al centro della catena. Se ci fossero riusciti, le navi alleate tra gli Stati Uniti e l'Australia avrebbero dovuto fare una lunga deviazione lungo la costa meridionale. Il Giappone aveva già una base a Rabaul, nel nord della catena insulare.

Gli avversari portarono più volte rinforzi; nessuno voleva pensare di perdere questa battaglia. I giapponesi occuparono Guadalcanal nel luglio 1942, come stazione di passaggio sulla via per l'Australia e le Hawaii; gli americani (in particolare l'ammiraglio Ernest King, capo delle operazioni) volevano usarla come base per la loro avanzata verso nord-ovest. All'inizio, l'ammiraglio Isoroku Yamamoto, comandante della flotta giapponese, non si rese sufficientemente conto dell'importanza di questo scontro e delle risorse che avrebbe richiesto.

La perdita di Guadalcanal significava per i giapponesi trovarsi in una posizione difensiva e gli americani potevano

99

usare l'isola come trampolino di lancio per l'avanzata sul Giappone.

Operazione Torre di Guardia

Il generale Alexander Vandegrift fu nominato comandante delle forze di terra statunitensi appena cinque settimane prima dell'inizio dell'attacco, in una battaglia che avrebbe portato all'evacuazione dell'isola da parte dei giapponesi. Il periodo compreso tra l'agosto 1942 e il febbraio 1943 vide una serie di scontri terrestri, marittimi e aerei che vengono descritti in dettaglio qui di seguito.

- lo sbarco del 7 agosto 1942
- Battaglia navale al largo dell'Isola Savo il 9 agosto 1942, un primo tentativo fallito da parte della marina giapponese di spodestare gli americani, nonostante le pesanti perdite subite.
- Il 18 agosto, il colonnello Kiyono Ichiki sbarca sull'isola con 950 uomini. Un attacco banzai su tre fronti da parte di queste truppe d'élite uccise più di 700 giapponesi. Il colonnello Ichiki ha fatto harakiri.
- Nella battaglia navale al largo delle Isole Salomone orientali del 24 agosto, la portaerei statunitense

USS Enterprise (CV-6) fu gravemente danneggiata. I giapponesi persero, tra l'altro, la portaerei Ryujo.

- Il 12-14 settembre, il colonnello Mike Edson respinse un attacco di 7.000 giapponesi guidati dal maggior generale Kiyotake Kawaguchi. Questo scontro fu in seguito chiamato *"Battaglia di Bloody Ridge"*. Un pesante bombardamento aereo di Henderson Field e un bombardamento con cannoni navali lo precedettero.

- Il 15 settembre, la portaerei *Wasp fu* persa in un attacco sottomarino. L'incrociatore pesante *North Carolina* fu colpito da un siluro. 4.000 soldati statunitensi a bordo di navi da trasporto sbarcarono in sicurezza.

- Il tenente generale Haruyoshi Hyakutake sbarcò 20.000 uomini il 9 ottobre. Vandergrift vide le sue forze rinforzate da 4.000 soldati.

- La battaglia navale di Cape Esperance dell'11-12 ottobre si concluse con un leggero vantaggio americano. Tuttavia, la Marina statunitense riuscì a ritardare, ma non a impedire, i continui sbarchi di truppe giapponesi (chiamati dai Marines *"Tokyo Express"*).

101

- Il 13 ottobre, Henderson Field fu nuovamente bombardato dall'artiglieria navale e da *Pistol Pete* (un pezzo di artiglieria pesante da campo). In ottanta minuti, 918 proiettili di calibro pesante colpirono il campo d'aviazione, rendendolo inutilizzabile.

- Hyakutake fece nuovi piani per lanciare un attacco su tre fronti da diverse direzioni su Henderson Field il 18 ottobre. La marina e l'aviazione giapponesi hanno fornito supporto. Le difficoltà di trasporto dei cannoni attraverso la giungla e la pioggia incessante causarono un ritardo fino al 24 ottobre. Le unità comandate dal generale Sumioyosji, ignare del rinvio, lanciarono il loro attacco il 23 ottobre. 650 giapponesi furono uccisi. L'attacco della Divisione Senda fu respinto il giorno successivo (più di 900 giapponesi uccisi). L'artiglieria dei Marines, i bombardieri e *Pistol Pete* bombardarono le posizioni americane il 25 ottobre (dugout sunday). In serata, le truppe di terra giapponesi attaccarono di nuovo, sempre senza successo. Dal 29 ottobre hanno iniziato a ritirarsi.

- Un altro scontro tra le marine giapponesi e statunitensi ebbe luogo nella notte tra il 25 e il 26

ottobre (battaglia delle isole Santa Cruz). Gli
americani persero la portaerei *Hornet*, il
cacciatorpediniere *Porter* e 74 aerei. La portaerei
Enterprise e la *South Dakota* furono danneggiate. I
giapponesi persero 100 aerei. Le portaerei
Shokaku e *Zuiho*, l'incrociatore pesante *Chikuma* e
il cacciatorpediniere *Terutsuki* furono
pesantemente danneggiati.

Controffensiva alleata

Gli Alleati avevano il vantaggio di poter scegliere dove sferrare il prossimo attacco, ma c'era una dicotomia nel campo alleato. Gli Stati Uniti volevano un attacco diretto alla Micronesia per spingersi fino al Giappone stesso. Dopo aver conquistato la Micronesia, volevano avanzare ulteriormente verso le Isole Marianne, poi Okinawa e quindi, attraverso un'armata di navi e aerei, verso il Giappone vero e proprio. Gli altri alleati volevano che la minaccia ai loro confini fosse rimossa prima liberando il Sud-Est asiatico dai giapponesi. Si decise di attuare entrambe le strategie: gli inglesi iniziarono la riconquista della Birmania, i cinesi entrarono nella Cina giapponese e gli americani avanzarono in Micronesia.

Gli Alleati si avvicinavano sempre di più al Giappone e la resistenza dei giapponesi era sempre più debole, la flotta e l'aviazione subirono gravi perdite e i piloti giapponesi adottarono la tattica kamikaze, facendo schiantare i loro aerei direttamente contro le navi alleate.

Quando Guam fu finalmente riconquistata nell'agosto del 1944, i bombardieri pesanti B-29 furono in grado di attaccare il Giappone dall'isola e iniziò una lunga serie di bombardamenti sulle città giapponesi, che distrussero l'intera infrastruttura del Paese, senza però abbattere il morale dei giapponesi come ci si aspettava.

Nel febbraio 1945, gli americani sbarcarono su Iwo Jima con l'obiettivo di conquistare i due campi di aviazione dell'isola. Dopo pesanti combattimenti, Iwo Jima fu conquistata un mese dopo. In aprile, gli americani sbarcarono sull'isola di Okinawa, direttamente a sud delle isole principali del Giappone. Ne seguì una terribile battaglia, in cui i giapponesi fecero di tutto per tenere l'isola, con l'uso massiccio di kamikaze. Dopo aspri combattimenti, gli ultimi giapponesi si arresero il 23 giugno.

Lo sbarco su Iwo Jima

Lo Sbarco su Iwo Jima (nome in codice Operazione Detachment) fu un'operazione di sbarco americana sull'isola di Iwo Jima nel febbraio 1945, che fece parte dei combattimenti nell'Oceano Pacifico tra gli Stati Uniti e il Giappone Imperiale durante la Seconda Guerra Mondiale.

Gli americani volevano usare Iwo Jima come base per i loro attacchi (aerei) al Giappone. Riuscirono a catturare l'isola dai giapponesi, ottenendo il controllo dei tre campi d'aviazione presenti, gli unici tra il Giappone e le Marianne e a 1250 km da Tokyo. I giapponesi le avevano usate per intercettare i bombardieri americani in rotta da e per i loro bombardamenti sul Giappone, e ora gli americani potevano usare l'isola come base per gli attacchi al Giappone continentale.

Prevedere

Al momento dell'attacco a Pearl Harbor, l'esercito giapponese aveva una guarnigione di 3.700-3.800 uomini di stanza a Chichi-jima. Inoltre, un personale navale di 1.200 uomini era di stanza nella base navale di Chichi-jima. Si trattava di una base per idrovolanti, una stazione radio e meteorologica e diverse imbarcazioni leggere come dragamine, caccia sottomarini e motovedette.

A Iwo Jima, la Marina aveva costruito un campo d'aviazione a 1,5-2 km dal Monte Suribachi. 1.500 persone dell'aviazione navale e 20 aerei costituivano l'occupazione del campo d'aviazione.

Dopo la perdita delle Isole Marshall e i devastanti attacchi aerei su Truk nelle Caroline nel febbraio 1944, i leader militari giapponesi riconsiderarono la situazione. Tutte le informazioni indicavano un imminente attacco statunitense verso le Isole Marianne e le Caroline. Come misura contro questo, formarono una linea di difesa interna che si estendeva dalle Caroline alle Marianne e da lì alle isole Bonin. Nel marzo 1944, per presidiare questa linea di difesa interna, fu costituita la 31ª Armata giapponese sotto il comando del generale Hideyoshi Obata. Il comandante della guarnigione di Chichi-jima divenne comandante nominale delle unità dell'esercito e della marina nelle isole Bonin.

Dopo la perdita delle Isole Marianne nell'estate del 1944, la Marina e l'Esercito si resero conto che la perdita delle

107

Isole Bonin avrebbe comportato un'intensificazione dei bombardamenti sulla patria giapponese e inviarono rinforzi a Iwo Jima. Cinquecento rinforzi della marina e cinquecento dell'esercito arrivarono nel marzo e nell'aprile del 1944 e, insieme ai rinforzi da Chichi-jima e dalle isole di origine, la forza delle difese crebbe fino a cinquemila uomini con tredici pezzi di artiglieria e duecento mitragliatrici leggere e pesanti. Inoltre, la difesa aveva dodici cannoni antiaerei pesanti, cannoni antinave da 120 mm e trenta cannoni antiaerei a doppia canna da 25 mm.

I piani di difesa giapponesi furono complicati dall'incapacità della Marina di ostacolare efficacemente gli sbarchi dopo la devastante sconfitta della sua flotta nella battaglia del Golfo di Leyte. Inoltre, le perdite aeree erano così pesanti che, senza contare i ritardi causati dalle incursioni aeree, ci sarebbe voluto fino a marzo o aprile 1945 prima che i giapponesi recuperassero tremila aerei. Anche allora, questi aerei non poterono essere impiegati su Iwo Jima, poiché l'isola era fuori dal raggio d'azione degli aerei giapponesi. E gli aerei che c'erano erano assolutamente necessari a Formosa e alle isole vicine, dove erano disponibili almeno un numero sufficiente di basi aeree.

In uno studio del dopoguerra, gli ufficiali giapponesi descrissero la strategia di difesa di Iwo Jima come segue:

Alla luce di questa situazione, riconoscendo l'impossibilità di effettuare operazioni aeree, terrestri o marittime che portassero a una vittoria finale, si decise che per guadagnare tempo per prepararsi alla difesa della patria (giapponese), le nostre forze dovevano fare affidamento esclusivamente sulle difese disponibili nella zona e l'obiettivo era il rallentamento dell'avanzata nemica.

Era terrificante pensare che anche gli attacchi suicidi di piccoli gruppi di aerei della marina e dell'esercito, gli attacchi a sorpresa dei sottomarini e gli sbarchi dei paracadutisti non sarebbero stati in grado di sfruttare occasionali opportunità strategiche.

Già prima della caduta di Saipan, nel giugno 1944, i giapponesi sapevano che Iwo Jima doveva essere rafforzata. Alla fine di maggio, il generale Hideki Tojo informò il tenente generale Tadamichi Kuribayashi presso l'ufficio del primo ministro che era stato scelto per difendere Iwo Jima fino alla fine. A Kuribayashi fu sottolineata l'importanza di questo incarico: gli occhi di tutto il Giappone erano puntati su di lui. L'8 giugno Kuribayashi partì per quello che sarebbe stato il suo ultimo incarico.

Nei primi giorni del 1945, il Giappone si trovò di fronte alla prospettiva di un'invasione alleata. I bombardamenti quotidiani dalle Isole Marianne, parte dell'Operazione Scavenger, hanno causato danni devastanti. Iwo Jima serviva come stazione di allarme. L'arrivo dei bombardieri statunitensi fu comunicato via radio al Giappone. Le difese aeree giapponesi erano quindi pronte all'arrivo dei bombardieri alleati.

Lo sbarco fu pianificato dagli Alleati perché c'era uno scarto di due mesi nel programma tra lo sbarco a Leyte nelle Filippine e quello a Okinawa. Questo non è stato considerato accettabile.

Preparazioni giapponesi

Il generale Kuribayashi arrivò a Iwo Jima tra l'8 e il 10 giugno 1944. Al suo arrivo erano presenti ottanta aerei da combattimento, ma all'inizio di luglio ne rimanevano solo quattro. Un'unità navale statunitense ha bombardato l'isola da distanza ravvicinata per due giorni. Nessun edificio è rimasto intatto. Anche gli ultimi quattro aerei sono stati distrutti.

Con grande sorpresa della guarnigione, nell'estate del 1944 non seguì alcuna invasione. Tuttavia, c'erano pochi dubbi sul fatto che gli americani avrebbero lanciato un'invasione. Era chiaro che, in assenza di supporto aereo e navale, la caduta dell'isola era inevitabile, ma il generale Kuribayashi era determinato a far pagare all'avversario il prezzo più alto possibile. Come primo passo, ordinò l'evacuazione di tutti i civili, che fu completata entro la fine di luglio.

Il predecessore di Kuribayashi, il tenente generale Hideyoshi Obata, in linea con la dottrina prevalente secondo la quale le invasioni dovevano essere fermate direttamente in riva al mare, aveva rafforzato la linea costiera con bunker e artiglieria; il generale Kuribayashi era di parere diverso. Invece di un inutile tentativo di tenere le spiagge, le fece difendere solo con armi leggere. Tutta l'artiglieria, i mortai e i razzi furono posizionati ai piedi e sulle pendici del vulcano Suribachi e sulle alture a nord.

111

La difesa a lungo termine dell'isola avrebbe richiesto un sistema elaborato e ben congegnato di tunnel a diversi livelli, poiché il bombardamento costiero aveva dimostrato che gli edifici non erano in grado di resistere ai bombardamenti dell'artiglieria navale. Gli ingegneri giapponesi furono impiegati per progettare i tunnel e le grotte in modo tale da garantire la presenza di aria fresca anche durante i bombardamenti prolungati.

Contemporaneamente, sull'isola cominciarono ad arrivare i rinforzi. Kuribayashi decise di trasferire la 2ª brigata mista di cinquemila uomini da Chichi a Iwo. Dopo la caduta di Saipan, 2.700 uomini del 145° reggimento di fanteria sotto il colonnello Masuo Ikeda furono trasferiti a Iwo Jima. Questi rinforzi portarono la forza numerica a 12.700 uomini in luglio e agosto. Un battaglione di ingegneri di 1.233 uomini iniziò la costruzione dei bunker e di altre fortificazioni.

Il 10 agosto arrivò l'ammiraglio Toshinosuka Ichimaru, seguito poco dopo da 2.216 uomini della marina. Sono poi arrivate unità di artiglieria e cinque battaglioni anticarro. Sebbene molte navi da rifornimento siano state affondate dai sottomarini e dagli aerei statunitensi durante la rotta verso Iwo Jima, molte attrezzature raggiunsero l'isola durante l'estate e l'autunno del 1944.

Alla fine del 1944, Kuribayashi aveva a disposizione 361 pezzi di artiglieria da 75 mm o più pesanti. Inoltre, aveva una dozzina di mortai da 320 mm, 65 mortai medi (150 mm) e leggeri (81 mm), 33 pezzi di artiglieria navale da 80 mm e 94 cannoni antiaerei da 75 mm o più. Inoltre, c'erano duecento cannoni antiaerei da 20 e 25 mm e 69 cannoni anticarro. La potenza di fuoco di questa artiglieria era aumentata da settanta lanciarazzi di varie dimensioni, tra cui uno gigante del peso di oltre cinquecento libbre con una gittata di sette chilometri.

Il 26° reggimento carri armati fu silurato durante il viaggio verso Iwo Jima e perse tutti i suoi 28 carri armati. I 600 uomini arrivarono sani e salvi. In Giappone furono ordinati nuovi carri armati e 22 arrivarono a dicembre. L'intenzione del colonnello Nishi era quella di schierare i suoi carri armati ovunque la situazione rischiasse di sfuggire di mano. La natura collinare dell'isola ne impediva l'uso e i serbatoi furono scavati.

Tutta l'artiglieria è stata costruita dai giapponesi in robusti
bunker di cemento. I giapponesi hanno scoperto che dalla
cenere vulcanica nera e dal cemento si può ottenere un
calcestruzzo di ottima qualità. I bunker vicino alla spiaggia
avevano tutti uno spessore di un metro. Una vasta rete di
corridoi sotterranei, bunker e fortificazioni fornì alle truppe
giapponesi un eccellente riparo dagli attacchi aerei e dai
bombardamenti delle navi. Qui si è prestata molta
attenzione alla ventilazione (la natura vulcanica dell'isola
produceva molti gas sulfurei) e alle uscite multiple, in modo
che dopo un bombardamento l'equipaggio di un bunker
non rimanesse intrappolato.

Il generale Kuribayashi stabilì la sua base di comando
nella parte settentrionale dell'isola. I suoi bunker di
comando si trovavano a più di venti metri di profondità,
collegati da gallerie lunghe duecento metri. In superficie, in
un solido bunker di cemento, settanta telegrafisti
lavoravano a turno.

La collina 382 era il punto più alto dell'isola dopo il
vulcano. Qui sono state costruite una stazione
meteorologica e una stazione radio. Il colonnello Chosaku

Kaido era responsabile di tutta l'artiglieria dell'isola e aveva il suo comando vicino alla stazione radio.

Il progetto più grande era un sistema di gallerie lungo 27 km per collegare tutte le principali installazioni di difesa. Al momento dello sbarco degli americani, erano stati completati 13 km di questo percorso. Il lavoro è stato estremamente duro: la temperatura era di 30-50 gradi, la gente doveva indossare maschere antigas contro le esalazioni sulfuree e dall'8 dicembre l'aviazione statunitense bombardava l'isola quotidianamente. Nonostante il blocco statunitense da parte di sottomarini e bombardieri, i rinforzi continuavano ad arrivare. Alla fine, il generale Kuribayashi aveva a disposizione dai 21.000 ai 23.000 uomini.

Il suo piano di difesa differisce radicalmente da tutti i precedenti piani di difesa dell'isola:

- Per non tradire le proprie posizioni, l'artiglieria giapponese non rispondeva ai bombardamenti delle navi statunitensi.
- Gli americani non si trovano sulle spiagge.

- A 400-500 metri nell'entroterra, gli americani sarebbero stati colpiti dalle armi automatiche del campo d'aviazione e dall'artiglieria del vulcano Suribachi e delle alture a nord.
- Dopo aver inflitto il massimo danno, l'artiglieria del campo d'aviazione sarebbe stata ritirata a nord.
- Non ci sarebbe stato un grande contrattacco *banzai*.
- Verrebbe condotta una difesa elastica e sedentaria. Le truppe giapponesi avevano rifornimenti per 2,5 mesi.

Preparazione USA

Il 7 ottobre 1944, l'ammiraglio Chester W. Nimitz e il suo staff formularono gli obiettivi dell'operazione Detachment. L'obiettivo generale dell'operazione era quello di "tenere sotto pressione" il Giappone e consolidare il controllo degli Stati Uniti sul Pacifico. Con Iwo Jima in mano agli Stati Uniti, i bombardieri americani sarebbero stati meno ostacolati nei loro bombardamenti sul Giappone e l'isola avrebbe potuto essere utilizzata come base per gli attacchi al Giappone. Gli aerei da guerra statunitensi potrebbero fornire supporto ai bombardieri americani nei loro voli verso il Giappone e i bombardieri danneggiati potrebbero effettuare un atterraggio di emergenza su Iwo Jima.

Il 9 ottobre, il generale Holland Smith ricevette lo studio dello staff, accompagnato dall'ordine dell'ammiraglio Chester Nimitz di prendere il controllo dell'isola. L'ordine nominava anche i comandanti dell'operazione.

- All'ammiraglio Raymond Spruance, comandante della Quinta Flotta, fu affidato il comando dell'operazione Commander con la Task Force 50.
- Sotto Spruance, il Vice Ammiraglio Richmond Kelly Turner, comandante delle forze anfibie nel Pacifico, avrebbe comandato la Task Force 51.
- Il vice comandante della Joint Expeditionary Force era il contrammiraglio Harry W. Hill. Il generale Holland Smith fu designato come comandante generale delle "truppe di spedizione", la Task Force 56.

Non è stato un caso che questi individui siano stati scelti per questa operazione. Ognuno di loro si era guadagnato

117

gli speroni in precedenti operazioni simili. Era la squadra che aveva organizzato e perfezionato le tecniche anfibie da Guadalcanal a Guam e dalle Isole Salomone a Tarawa.

Le unità principali della forza di sbarco sarebbero state la 3ª, 4ª e 5ª Divisione Marines. La terza divisione si era già distinta a Bougainville nelle Isole Salomone e a Guam nelle Marianne. La divisione si stava ancora riorganizzando nell'autunno del 1944 dopo i pesanti combattimenti su Guam e fu anche attiva nello sgombero delle ultime sacche di resistenza giapponese sull'isola.

L'ammiraglio Spruance assunse il comando delle forze impegnate nel Pacifico centrale il 26 gennaio. La 4ª e la 5ª divisione dei Marines, meno il 26° reggimento, furono designate per lo sbarco. Il 26° reggimento era di riserva, mentre la 3ª divisione si sarebbe imbarcata da Guam e non sarebbe sbarcata fino a D+3 (tre giorni dopo lo sbarco iniziale).

Il programma di sbarco era semplice: la 4ª e la 5ª divisione sarebbero sbarcate sulla spiaggia orientale, la 4ª a destra e la 5ª a sinistra. La 3ª divisione sarebbe sbarcata in seguito sulla stessa spiaggia e avrebbe svolto un ruolo offensivo o difensivo a seconda delle necessità. Un reggimento della 5ª divisione fu designato per la cattura del vulcano Suribachi a sud.

A causa del rischio di condizioni d'onda avverse sulle spiagge orientali, l'8 gennaio 1945 fu elaborato un piano alternativo per lo sbarco sulle spiagge occidentali. Le possibilità di attuare questo piano non erano alte, poiché i venti prevalenti da nord a nord-ovest provocavano onde pericolose sulla costa occidentale dell'isola.

Per lo sbarco, la spiaggia orientale fu divisa in strisce di 450 metri (500 iarde) denominate, da sinistra a destra, verde, rossa 1 e 2, gialla 1 e 2 e blu 1 e 2. La 5ª Divisione Marines sarebbe sbarcata sui punti verdi e rossi 1 e 2, e avrebbe attraversato l'isola fino a raggiungere la costa occidentale: l'isola era piuttosto stretta in questo punto. Un reggimento avrebbe preso il vulcano Suribachi.

La missione della 4ª Divisione Marine era di conquistare il centro dell'isola, mentre il suo fianco doveva puntare all'altopiano di Motoyama, l'altura che dominava la zona di sbarco. A meno che entrambi gli obiettivi, da cui le spiagge potevano essere bombardate a caso, non venissero rapidamente conquistati, le perdite tra le forze di sbarco avrebbero potuto aumentare rapidamente.

Una volta assicurata la parte meridionale dell'isola, le due divisioni sarebbero avanzate congiuntamente verso nord. La 3ª Divisione Marines, inizialmente rimasta a bordo come riserva, sarebbe poi scesa a terra per aggiungere forza all'attacco.

Il programma di atterraggio dettagliato, da sinistra a destra:

- **verde 1:** 28° reggimento, colonnello Harry B. Liversedge:
- **verde 1:** 27° reggimento, colonnello Thomas A. Wornham:
- **giallo 1 e 2:** 23° reggimento, colonnello Walter W. Wensinger: conquista del campo d'aviazione di Motoyama
- **blu 1:** 25° reggimento, colonnello John R. Lanigan: assistenza alla cattura del campo d'aviazione 1
- 24° reggimento, colonnello Walter I. Jordan, in riserva
- 26° reggimento, colonnello Chester B. Graham: supporto alla 5° divisione

L'artiglieria scendeva a terra solo su ordine del comandante della divisione. Il 14° reggimento (colonnello Louis G. DeHaven) e il 13° reggimento (colonnello James D. Wailer) avrebbero fornito supporto rispettivamente alla 4ª e alla 5ª divisione.

L'operazione fu programmata in modo che all'ora U 68 i mezzi da sbarco anfibi della prima ondata di attacco arrivassero sulla spiaggia. Questi veicoli avanzano fino alla prima striscia di terra oltre la linea di galleggiamento.

Questi veicoli corazzati usavano i loro obici e le loro mitragliatrici per tenere il nemico al riparo. In questo modo, la fanteria avrebbe avuto un fuoco di copertura dalle successive ondate d'attacco mentre correvano dai mezzi da sbarco attraverso la spiaggia. I tempi per l'atterraggio dei carri armati sarebbero stati determinati in modo flessibile. Dal 16 febbraio seguì un bombardamento di tre giorni dell'isola.

Lo sbarco negli Stati Uniti

Alle 02:00 del 19 febbraio, le corazzate statunitensi iniziarono a bombardare come se fosse l'inizio del D-Day; seguì un bombardamento da parte di 100 bombardieri, dopodiché l'artiglieria navale tornò in azione. Alle 08.30, il primo dei 30.000 marines sbarca a Iwo Jima.

I marines erano sotto il fuoco pesante del vulcano Suribachi, nel sud dell'isola. Il terreno in cui combatterono era estremamente ostile: cenere vulcanica grezza su cui era facile scivolare, ma in cui non era possibile scavare. Tuttavia, entro sera, 30.000 marines erano scesi a terra e la montagna era stata tagliata fuori dal nord dell'isola. Altri 40.000 marines sarebbero seguiti nel corso della battaglia.

Le pendici del vulcano Suribachi dovevano essere combattute metro per metro. Gli spari erano inutili contro la fanteria giapponese ben trincerata. I lanciafiamme e le granate dovettero eliminare i bunker giapponesi pezzo per pezzo. Ci volle fino al 23 febbraio per raggiungere la vetta. Alle 10 del mattino, i marines del 28° reggimento hanno piantato una bandiera americana sulla cima.

L'evento fu ripreso poche ore dopo e fu scattata una delle fotografie più famose della Seconda Guerra Mondiale. Il fotografo Joe Rosenthal dell'Associated Press vinse diversi premi con questa foto, tra cui il Premio Pulitzer nel 1945.

Tuttavia, con l'alzabandiera, non tutte le posizioni difensive giapponesi sul vulcano erano ancora state conquistate. Nei giorni successivi si sono svolti pesanti combattimenti. Il

generale Kuribayashi vietò un contrattacco importante quando Ichimaru gli chiese il permesso di farlo.

L'area di atterraggio era stata parzialmente messa in sicurezza con la presa di controllo del vulcano. Ora stavano arrivando a terra altri marines e attrezzature pesanti. L'invasione fu estesa per prendere il controllo dei campi di aviazione e del resto dell'isola. Nelle settimane successive, la battaglia è rimasta durissima in tutta l'isola. Con il tradizionale coraggio, i giapponesi hanno combattuto fino alla morte. Dei 22.000 difensori, solo 200 uomini furono catturati.

Le forze alleate subirono 21.000 perdite, tra cui 7.000 morti. Un quarto delle medaglie d'onore conferite ai Marines statunitensi durante la Seconda Guerra Mondiale sono state assegnate per le operazioni su Iwo Jima. Il 26 marzo 1945 l'isola fu dichiarata sicura.

L'ammiraglio Chester W. Nimitz descriverà i combattimenti come segue: *Tra gli uomini che hanno combattuto a Iwo Jima, un coraggio fuori dal comune era una caratteristica comune.*

Impatto
124

Il prezzo per Iwo Jima fu alto per entrambe le parti. Tuttavia, il prezzo è valso la pena per gli americani. Alla fine della guerra, 2.400 bombardieri B-29 con 27.000 membri dell'equipaggio avevano effettuato un atterraggio di emergenza sull'isola.

Battaglia di Okinawa

La Battaglia di Okinawa (giapponese: 沖縄戦, *Okinawa-sen*), nome in codice degli Alleati Operazione Iceberg, si svolse dal 1° aprile al 22 giugno 1945 nel sud del Giappone tra le forze giapponesi e statunitensi.

Gli americani sbarcarono sulle piccole isole Kerama vicino a Okinawa il 26 marzo 1945 e su Okinawa stessa il 1° aprile. La battaglia fu chiamata dai locali "*tetsu no ame*", "pioggia d'acciaio". Questa battaglia fece conoscere per la

126

prima volta al mondo il fenomeno dei kamikaze su larga scala. Il 23 giugno, gli ultimi giapponesi si arresero dopo aspri combattimenti.

La posizione strategica di Okinawa

Okinawa è l'isola più grande (circa 1.200 km²) delle Isole Riukiu, a circa 600 km a sud-ovest delle quattro isole principali del Giappone. A differenza di altre isole contese, come Iwo Jima, aveva una grande popolazione indigena.

L'importanza strategica di Okinawa durante la Seconda Guerra Mondiale era notevole. Gli americani avevano fatto "island-hopping", conquistando un'isola dopo l'altra a sud del Giappone. Il controllo americano di Okinawa
127

taglierebbe di fatto i rifornimenti giapponesi di materiali come petrolio, minerale di ferro e gomma dal sud, nonché le comunicazioni tra la terraferma giapponese e le basi giapponesi nel Pacifico meridionale. L'isola potrebbe anche fornire una base per un attacco statunitense alle isole principali del Giappone. Okinawa ospitava anche diversi campi di aviazione e gli unici due porti ragionevolmente grandi tra Formosa e l'isola principale giapponese di Kyushu.

Okinawa durante la Grande Guerra Asiatica

Sull'isola c'erano poche tracce della lotta in Cina, iniziata nel 1937. Non è mai stata una zona industriale e non ha mai prodotto molto cibo. L'unico contributo di Okinawa consisteva nel fatto che sull'isola si coltivava la canna da zucchero, da cui si poteva produrre alcol per siluri e motori. Tuttavia, quando gli Stati Uniti entrarono in guerra con l'attacco a Pearl Harbor il 7 dicembre 1941, l'isola fu fortificata. Divenne una pietra miliare del "muro difensivo" del Giappone. Furono costruiti diversi campi di aviazione e i porti furono modernizzati per ospitare grandi navi da guerra e portaerei.

Operazione Iceberg

Forza delle truppe

- Le forze statunitensi nel Pacifico avevano già conquistato diverse isole, tra cui, recentemente, Iwo Jima e le Filippine. La Quinta Flotta statunitense dell'ammiraglio Raymond A. Spruance aveva più di 40 portaerei, 18 corazzate, 200 cacciatorpediniere e centinaia di navi di tutti i tipi per il supporto (ad esempio corvette e navi ospedale). In totale, circa 1.300 navi statunitensi circondarono l'isola. Di queste 1.300, 365 erano navi anfibie.

- La 10a Armata statunitense, appena costituita, che iniziò la battaglia per Okinawa il 1° aprile 1945 con 154.000 uomini, era composta da sette delle più agguerrite divisioni che combattevano nel Pacifico. Il 14° corpo d'armata sotto il generale John Hodge comprendeva la 7ª e la 96ª divisione di fanteria, il Terzo corpo anfibio del maggior generale Roy Stanley Geiger comprendeva la 1ª e la 6ª divisione dei Marines; la 27ª e la 77ª divisione di fanteria e la

2ª divisione dei Marines costituivano la forza di riserva.

- Come per Iwo Jima, anche a Okinawa l'intelligence statunitense sottovalutò la forza del nemico. Questo perché, quando si stava preparando l'attacco, l'isola era ancora troppo lontana per gli aerei da ricognizione americani. Il numero di giapponesi era stato stimato in 65.000, mentre si rivelò superiore a 100.000. I bombardieri B-29 effettuarono la prima missione di ricognizione su Okinawa e sulle isole circostanti.

- L'esercito imperiale giapponese guidato da Mitsuru Ushijima aveva pronto un piano di difesa. A causa della schiacciante supremazia americana in mare e in aria, si decise di non combattere sulle spiagge. Quasi tutto il nord dell'isola fu lasciato sguarnito, tranne il monte Yaedake, il campo d'aviazione di Kadena e le basi di Yomitan. Nella zona montuosa del sud di Okinawa, tuttavia, furono stabiliti quattro cerchi difensivi, noti come cerchi Shuri, dove i giapponesi si trincerarono. I cerchi di Shuri erano facilmente difendibili grazie al paesaggio accidentato e al gran numero di artiglierie giapponesi di vario calibro.

La flotta arriva

Il 10 ottobre 1944, circa duecento aerei bombardarono
Naha, la città più grande e capitale di Okinawa, su ordine
dell'ammiraglio Halsey. La città fu quasi completamente
distrutta. A metà marzo 1945, la flotta americana si
riunisce per bombardare Okinawa. Apparvero anche i primi
kamikaze.

L'atterraggio

Prima dello sbarco dell'esercito, le navi della Task Force
52 guidate dal generale Blandy bombardarono le spiagge
con 13.000 granate. Inoltre, i bombardieri Curtis Lemay
hanno effettuato 3.000 sortite. In questo modo, gli
americani contavano di eliminare quasi tutta la resistenza
sull'isola prima dello sbarco vero e proprio. Il
bombardamento della flotta non si fermò fino a quando i
primi soldati americani non misero piede a terra,
incontrando una resistenza quasi nulla. Alla fine del primo

giorno, erano sbarcati quasi 60.000 soldati statunitensi
(due divisioni di marina e due divisioni dell'esercito).

Contemporaneamente alla prima ondata di attacchi, la
Seconda Divisione dei Marines aveva effettuato un attacco
diversivo a sud. Il secondo giorno, la stessa azione è stata
eseguita in modo che i giapponesi non potessero impedire
la formazione di una testa di ponte sul luogo dello sbarco.
Gli americani attraversarono rapidamente l'isola e

isolarono il sud dal nord, senza incontrare alcuna resistenza degna di nota.

Il follow-up dell'atterraggio si è svolto in quattro fasi:

- L'avanzata verso la costa orientale (1-4 aprile).
- Esplorazione e conquista della parte settentrionale dell'isola (5-18 aprile).
- Prendendo le isole circostanti (10 aprile - 26 giugno).
- La battaglia vera e propria con la 32ª Armata giapponese trincerata. Questa battaglia iniziò il 6 aprile e terminò solo il 21 giugno.

Le battaglie

La battaglia nel sud di Okinawa era in contrasto con la rapida conquista del nord dell'isola.

Solo quando la 7ª e la 96ª divisione di fanteria furono inviate a sud, perché gli americani avevano saputo dai nativi che i giapponesi si trovavano soprattutto a sud, iniziò la vera battaglia per Okinawa.

Alla fine, la battaglia di Okinawa divenne una delle più sanguinose e aspre dell'intera guerra.

Anche se il 5 aprile gli americani incontrarono una decisa resistenza, l'avanzata poté continuare, anche se con difficoltà. Il 9 aprile, la resistenza era così forte che entrambe le divisioni di Roy Stanley Geiger e John Hodge si fermarono completamente di fronte a una posizione pesantemente difesa sulla cresta del Kakazuberg. Gli americani attaccarono per giorni, supportati dai bombardieri B-29 Superfortress, ma furono continuamente respinti.

Da parte giapponese, le perdite furono elevate. Il 12 aprile, giorno della morte del presidente americano Roosevelt, erano stati uccisi più di 5.500 giapponesi, contro "solo" 451 americani. Tuttavia, gli americani dovevano ancora affrontare il crinale del Kakazuberg.

I primi tre cerchi difensivi sono caduti con relativa facilità. Il fatto che i giapponesi lanciassero contrattacchi tatticamente imprudenti andò a vantaggio degli americani.

Ma al quarto cerchio, sull'isola di Kiyamuschiere, la resistenza è stata molto aspra. Quando ogni speranza era persa, diversi giapponesi, tra cui il generale Mitsuru Ushijima, commisero seppuku o si fecero esplodere con bombe a mano.

135

Perdite

- Perdite statunitensi: circa 34 navi affondate, 368 navi danneggiate, 763 aerei abbattuti. In totale, più di 12.000 soldati statunitensi furono uccisi durante la battaglia di Okinawa.

- Perdite giapponesi: Le perdite giapponesi furono enormi. 107.539 soldati morirono, 10.755 furono catturati o si arresero. 7830 aerei e 16 navi furono distrutti.

- Vittime civili: I residenti di Okinawa furono costretti a entrare nell'esercito giapponese e morirono nei combattimenti. Molti altri si sono rifugiati nelle grotte per evitare di essere colpiti dai bombardamenti e sono stati sepolti vivi nei crolli. Anche l'artiglieria e i bombardamenti aerei hanno causato molte vittime. Tutte le stime sono comprese tra un terzo e un decimo della popolazione.

- Un fenomeno da non sottovalutare è il cosiddetto "battlestress". Ciò ha causato un numero maggiore di vittime in questa battaglia rispetto ad altre battaglie in cui è stato riscontrato questo fenomeno. La colpa è dei ripetuti attacchi, dei

continui bombardamenti e dell'alta percentuale di
morti. In totale, ci furono più di 26.000 vittime
psichiatriche da parte degli Stati Uniti. Per quanto
riguarda il Giappone, non sono disponibili cifre.

Kamikaze

I kamikaze sono soldati che cercano di infliggere il maggior
numero possibile di vittime al nemico suicidandosi. I più
famosi sono i piloti kamikaze - che erano anche i più
comuni - ma sono ben noti i casi di sottomarini kamikaze,
motoscafi kamikaze e assalti kamikaze (in cui soldati chiusi
che non vedevano alcuna possibilità di vittoria si
lanciavano contro il nemico in una corsa alla cieca).
I kamikaze ricevono una menzione speciale, poiché l'apice
degli attacchi kamikaze si ebbe durante la battaglia di
Okinawa.

* Il 6 e 7 aprile si verificò per la prima volta un
  massiccio attacco kamikaze. Centinaia di aerei
  kamikaze, i cosiddetti "kikusui" (crisantemo
  galleggiante, simbolo imperiale del Giappone),
  piombarono sulla flotta d'invasione. Alla fine della
  battaglia, erano stati effettuati 1465 voli kamikaze.

Trenta navi statunitensi furono affondate e 164 danneggiate.

- I giapponesi avevano anche elaborato un piano per attaccare la flotta statunitense con motoscafi veloci pieni di esplosivo. Tuttavia, questo piano non è mai stato realizzato.

- Anche l'orgoglio della flotta giapponese, la *Yamato*, la più grande nave da guerra mai esistita, fu inviata in missione kamikaze. Il piano prevedeva che si arenasse sulle spiagge di Okinawa e fungesse da postazione di artiglieria. Tuttavia, il sommergibile statunitense *USS Hackleback aveva* individuato in precedenza la corazzata e la sua scorta - composta dall'incrociatore leggero *Yahagi* e da otto cacciatorpediniere - e aveva comunicato la loro posizione. Il viceammiraglio Marc Mitscher ha lanciato gli attacchi aerei alle 10 del mattino del 7 aprile. Per le due ore successive, la flottiglia giapponese fu sottoposta a continui attacchi aerei. La *Yamato* subì 12 bombe e sette siluri. Alla fine esplose e affondò. Lo *Yahagi* e uno dei cacciatorpediniere condivisero il suo destino. Quattro degli altri cacciatorpediniere non riuscirono a tornare in Giappone. Dell'equipaggio *della*

Yamato, solo 269 uomini su 2747 sopravvissero alla battaglia navale. La *Yahagi* perse 446 uomini e sui cacciatorpediniere 391 furono uccisi. Gli americani persero 10 aerei e 12 soldati. Questa fu l'ultima azione della flotta giapponese durante la guerra.

Impatto

Gli strenui combattimenti e le perdite estremamente elevate per gli standard americani su un'isola relativamente piccola diedero agli americani poco coraggio o speranza per un'invasione con mezzi convenzionali delle isole principali del Giappone. Era proprio questa l'intenzione del comando supremo giapponese.

Ciò contribuì alla decisione del Presidente Harry Truman di sganciare le bombe atomiche, sviluppate in segreto, su Hiroshima e Nagasaki. Secondo la credenza popolare, l'imperatore Hirohito fu così costretto a capitolare. Questo segnò la fine della Seconda Guerra Mondiale, poiché la Germania aveva già capitolato nel maggio 1945.

Fine della guerra

Con il crollo della Germania nazista nel maggio 1945, gli americani volevano porre fine alla guerra in Asia il prima possibile. Fu concordato con l'Unione Sovietica che avrebbe annullato il trattato di non aggressione con il Giappone e dichiarato guerra dopo 3 mesi (cioè l'8 agosto 1945).

Nonostante i pesanti bombardamenti sulle città giapponesi, il Giappone rifiuta di arrendersi. Per costringere il Giappone alla resa, senza subire enormi perdite invadendo il Giappone, gli americani decisero di impiegare una nuova arma: la bomba atomica. Il 6 agosto, la prima bomba atomica, soprannominata *Little Boy*, cadde su Hiroshima. Seguì pochi giorni dopo, il 9 agosto, la bomba *Fat Man*, che cadde su Nagasaki. Un giorno prima dell'attacco atomico su Nagasaki, l'Unione Sovietica aveva dichiarato guerra al Giappone. Il 9 agosto, l'Unione Sovietica lanciò l'Operazione Tempesta d'agosto, con 1,5 milioni di truppe che entrarono in Manciuria (Manchukwo), Mongolia interna (Mengjiang), Sakhalin meridionale (Karafuto), Corea del Nord e, il 18 agosto, nelle Curili. I giapponesi, sorpresi, opposero poca resistenza e oltre un

milione di uomini, tra cui 180 generali, furono fatti
prigionieri di guerra. I paracadutisti russi riuscirono anche
ad arrestare l'imperatore fantoccio della Manciuria , Pu Yi.

Alle 23 del 14 agosto, il Giappone informò gli Alleati con un
telegramma che accettava i termini della Dichiarazione di
Potsdam e quelli della lettera del Segretario di Stato
americano James F. Byrnes dell'11 agosto.

Con ciò, il Giappone si era arreso. Un giorno dopo, a
mezzogiorno, la notizia della resa del Giappone fu

annunciata via radio dall'imperatore, ma i sovietici continuarono la loro avanzata fino al 1° settembre e catturarono le Curili. Il 2 settembre, il Giappone firmò l'Atto di resa sulla corazzata *Missouri*. Questo pone fine alla Seconda Guerra Mondiale.

Alla conclusione della pace, il Giappone cedette diversi territori giapponesi:

- Il suo mandato sulle isole del Pacifico ex tedesche (indipendenti)
- la metà meridionale dell'isola di Sakhalin (all'Unione Sovietica)
- Le Curili (all'Unione Sovietica)
- Ferrovia della Manciuria meridionale (Cina)
- Taiwan (Cina)

Le conseguenze

La fine della Seconda guerra mondiale è stata seguita da un'ondata di cambiamenti indotti dalla guerra in Asia orientale.

La guerra civile è scoppiata in Cina subito dopo la Seconda guerra mondiale tra il governo nazionalista di Chiang Kai-shek e i comunisti di Mao Tsetung. Nel 1949 i comunisti vinsero e fu fondata la Repubblica Popolare Cinese. I nazionalisti fuggirono a Formosa, dove diedero vita alla Repubblica di Cina, oggi meglio conosciuta come Taiwan.

Nelle Indie Orientali Olandesi, l'occupazione giapponese portò alla nascita di un movimento indipendentista e, il 17 agosto 1945, la colonia olandese dichiarò la propria indipendenza come Repubblica di Indonesia, con Sukarno come primo presidente. Seguirono anni di guerriglia, a cui i Paesi Bassi risposero con le cosiddette azioni di polizia, fino a quando i Paesi Bassi, su pressione degli Stati Uniti, riconobbero l'indipendenza dell'Indonesia il 27 dicembre 1949.

Dopo la Seconda guerra mondiale la Corea è stata divisa in una parte settentrionale, comunista, sostenuta dall'Unione Sovietica, e una parte meridionale, sostenuta dagli Stati Uniti. Nel 1950, la Corea del Nord invase la parte meridionale, la Corea del Sud. Una forza delle Nazioni Unite ha difeso la Corea del Sud, mentre la Nuova Repubblica Popolare Cinese è intervenuta dalla parte della Corea del Nord. Nel 1953 fu firmato un armistizio tra la Corea del Nord e la Corea del Sud, che è continuato fino ad oggi.

I nazionalisti hanno colto l'occasione anche nella colonia francese del Vietnam. Poco dopo la fine della Seconda Guerra Mondiale, scoppiò una guerriglia tra francesi e nazionalisti, l'inizio della Guerra del Vietnam. Nel 1949, i francesi dovettero riconoscere l'indipendenza del Vietnam. Tuttavia, il conflitto con il Vietminh comunista di Hồ Chí Minh continuò e nel 1950 Ho Chi Minh dichiarò l'indipendenza del Vietnam del Nord. Nel 1957 scoppiò la guerra tra il Vietnam del Nord e il Vietnam del Sud, sostenuto dagli Stati Uniti, in cui gli americani furono sempre più coinvolti.